JN238356

ポーポー・ポロダクション [著]

マンガでわかる
企画書の作り方

THE PLANPAPER WITH CARTOON
Pawpaw Poroduction

日本能率協会マネジメントセンター

はじめに

「企画書を書かなくてはいけないが、どう書いていいかわからない」
「企画書を書いたことはあるが、なかなかうまく表現できない」

　本書は、そんな悩みに直面した初めて企画を書く人に向けて、**企画とは何か？　企画書はどうまとめていけばよいのか？**　をまとめた初心者向けの企画書作成のガイドブックである。

　本書の大きな特徴は下記の2つ。
　・初心者、超初心者向けに作られている
　・中級者、上級者にも役立つ「心理テクニック」を掲載

　初めての人でもわかるように、文章とマンガの半分ずつで解説している。簡単に読めて理解できるような内容をめざしている。また「簡単」だけでなく、中級、上級にも通じるような企画書のポイントも解説している。読んでいただけると、簡単すぎて中身の薄い企画書本とは違うことを理解していただけるはずだ。
　そして、本書は心理学の中でも**「認知心理学」**や**「色彩心理学」**といった学問を応用し、**人の認知傾向から「通りやすい企画書」「わかりやすい企画書」**作りについてまとめている。人には一定の認知傾向がある。それを知れば自分の伝えたいことを的確に正しく相手に伝えるために必ず役に立つ。
　このように、本書では優れた表現方法を個人の経験則からだけでまとめるのではなく、「なぜ、その表現がよいのか」をできるだけ理論的に説明しており、企画書の本ではこれまでなかった内容になっている。

この理論を習得することにより、基礎から応用へと自分で理解しながらバージョンアップできると思う。

　「センス」で語られるノウハウは、ごく一部の人にしか本当には理解できない。そして、理論だけではよい企画書を書くことなどできない。理論をベースに何度も経験を重ねて、失敗しながら自分の形を作っていけばよい。失敗を恐れずに、まずは「書く」ことである。最初はよい企画書の「まね」から始めればいいのだ。

　それでは本書の構成を簡単に説明しよう。

●序章「企画書とは？」

　最初に「企画とは何か？」「企画書の定義」「企画書の中身（構成）」などを簡単に説明し、企画書としての全体像を最初につかんでもらうことを意図している。

●１章「企画書の準備」

　ここでは企画書を作るための基礎知識や準備項目について、段取りに沿って説明している。オリエンテーションの受け方や企画背景、目的、そしてコンセプトのまとめ方を説明し、具体的に「アイデアを生み出すためにはどうしたらよいか」といったアイデア出しのヒントをまとめてみた。

●２章「企画書の基本ルール」

　次に企画書の基本的なフォーマットを提示し、必要項目について解説する。初心者におすすめしたい「１枚企画書」と「複数枚企画書」を例に出している。各項目について、穴を埋める感覚で企画書制作ができるはずだ。

● 3章「企画書を通す心理テクニック」

　ここが本書の最大のポイントである。通す企画書を作るために、心理学的な見地から考えられたテクニックを解説している。このテクニックをうまく取り入れることで、企画書が通りやすくなってくるはずだ。

● 4章「使える企画書フォーマット」

　最後に企画書案件に応じた企画書・提案書のフォーマットを用意した。自分が書くべき企画書に一番近いものを参考に、そのまま中身を変えて使ってもらえると思う。

　企画書作りは苦痛ではない。これほど楽しい作業はない。なぜならば、自分の思い描いた構想が、実現する第一歩になるからだ。では企画書に夢を乗せて、楽しみながら制作を進めていこう。

ポーポー・ポロダクション

マンガでわかる 企画書の作り方　もくじ

はじめに･･･ 3
もくじ･･･ 6

序章　企画書とは？

- なぜその企画は通らないのか？･････････････････････････････ 12
- そもそもなぜ企画書が書けないのか？･･･････････････････････ 14
- 企画とは何か？･･･ 16
- 企画書の定義･･･ 18
- 企画書の中身･･･ 20
- 自分で書く企画書の重要性･････････････････････････････････ 22
  - コラム①･･･ 24

1章　企画書の準備

- 企画書に必要なツール･････････････････････････････････････ 26
- 企画書のプロセス･･･ 28
- オリエンテーションの重要性･･･････････････････････････････ 30
- オリエンテーションのチェック項目･････････････････････････ 32
- 企画背景の調査･･･ 34
- 企画背景の調査方法･･･････････････････････････････････････ 36
- 目的の明確化･･･ 38
- 企画力を磨く方法①･･･････････････････････････････････････ 40
- 企画力を磨く方法②･･･････････････････････････････････････ 42
- アイデアの作り方①･･･････････････････････････････････････ 44
- アイデアの作り方②･･･････････････････････････････････････ 46
  - コラム②･･･ 48

2章　相手を納得させる企画書のルール

- コンセプトとは何か？･････････････････････････････････････ 50
- コンセプトの作り方･･･････････････････････････････････････ 52
- コンセプト設定の練習･････････････････････････････････････ 54
- 説得力ある企画内容のまとめ方･････････････････････････････ 58
- 企画書フォーマット
  - 1枚企画書（縦型）の例･････････････････････････････････ 62
  - 基本企画書（横型）の例･････････････････････････････････ 66
    - コラム③･･･ 70

3章　企画書を通す心理テクニック

[基礎編]
- タイトル、サブタイトルのつけ方【初頭効果】・・・・・・・・・・・・ 72
- 企画書の文章術①【語調による心理効果】・・・・・・・・・・・・・・・・ 74
- 企画書の文章術②【最適な長さと漢字含有率】・・・・・・・・・・・・ 76
- 結論を先に言う【好印象が継続しやすい形態】・・・・・・・・・・・・ 78
- 書体の選び方【書体による心理効果】・・・・・・・・・・・・・・・・・・・・ 80
- 文章を図形化する【視覚化効果】・・・・・・・・・・・・・・・・・・・・・・・・ 82
- 人が最も好む表紙とは?【笑顔効果】・・・・・・・・・・・・・・・・・・・・ 84

[応用編]
- 色の選び方【色彩心理】・・・・・・・・・・・・・・・・・・・・・・・・・・・・・・・・ 86
- 重要な項目は囲んでみる【囲み効果】・・・・・・・・・・・・・・・・・・・・ 90
- 忘れないデザイン【記憶に残るデザインの法則】・・・・・・・・・・ 92
- 裏付けデータの取り方【アンケート効果】・・・・・・・・・・・・・・・・ 94
- 持っていく企画案は3〜5案【5種の法則】・・・・・・・・・・・・・・ 96
- 重要な情報は左上に書く【左視野優先の傾向】・・・・・・・・・・・・ 98
- 問題点をあえて書く【両面呈示と片面呈示】・・・・・・・・・・・・・・ 100
- 推敲のススメ【文脈効果】・・・・・・・・・・・・・・・・・・・・・・・・・・・・・・ 102

[プレゼン編]
- 担当者へのプレゼン【期待感・渇望感】・・・・・・・・・・・・・・・・・・ 104
- 大勢の前でのプレゼン①【準備編】・・・・・・・・・・・・・・・・・・・・・・ 106
- 大勢の前でのプレゼン②【実践編】・・・・・・・・・・・・・・・・・・・・・・ 108
- スライド用企画書のポイント【視認性】・・・・・・・・・・・・・・・・・・ 110

4章　使える企画書・提案書フォーマット

- フォーマット①　社内親睦会の企画（ワード縦型）・・・・・・・・・ 114
- フォーマット②　販売促進キャンペーンの企画（パワーポイント縦型） 116
- フォーマット③　ホームページ改善企画（パワーポイント横型）・・・ 118
- フォーマット④　新商品企画（パワーポイント横型）・・・・・・・・ 120
- フォーマット⑤　イベント企画（パワーポイント横型）・・・・・・ 122

おわりに・・ 124
参考文献・・ 126

本書の使い方

左側の1ページで、1トピックを解説。特に重要な箇所はカラー太文字で表記してあるので、ひと目でわかるようになっています。

なぜその企画は通らないのか？
～企画書作りで失敗している人は多い～

　企業は利益を出す商品、事業、イベントなどを求めている。そして、企画書は売れる（＝企業の利益になる）商品、イベント、事業などを実現しようと訴え、それが「**なぜ売れるのか？**」「**なぜ人が集まるのか**」ということを具体的に、明確に説明できないといけない。通らない企画書は、「なぜ売れるのか？」「なぜ人が集まるのか」のイメージがつかみにくく、わかりにくくなっていることが多い。企画自体がよくても、企画書の作りが良くないためにボツになる企画は数多くある。

　人は、物の本質よりもまわりの演出物に影響を受けやすいという認知傾向がある。素晴らしい商品や事業、イベントを考えても、それを説明する道具が弱いと、肝心の商品や事業、イベントも低評価になる傾向がある。逆に言うと、企画自体が多少甘くても、企画書の表現方法がうまかったり、説明がわかりやすいと、それだけで企画自体が優れていると思われる。

　人にはどこかに美点があると別の部分まで優れているのではないかと錯覚してしまう心理効果がある。これを心理学では「**ハロー効果（光背効果）**」と呼んでいる。

　肝心の企画が優れていて、さらにレイアウトが美しく、文章が的確で、イラストや図などが豊富な企画書は印象に残りやすく、読む者に感動を与える。そんな企画書は当然、通りやすくなる。

　企画がボツになっても腐ることはない。アイデア自体が悪いのではなく、もしかしたら企画書が悪いのかもしれないからだ。もう一度、原点に帰って企画書の作り方の基礎を学び、効果的な「通りやすい」企画書を目指したい。

012

右ページでは左ページの文章をマンガでわかりやすく説明。企画初心者でおっちょこちょいの「ナライグマ」とその師匠、「ホーホーキング先生」、元弟子で今は立派な企画マンの「キカクマ」のキャラクターが主な登場人物です（詳しくはP10参照）。

・どうして「売れる」「成功する」のか明確ではない。
・レイアウトがわかりにくい。
・説明が不十分。
・客観的なデータが乏しい。
・印象に残らない。感動しない。

通らない企画書とは…

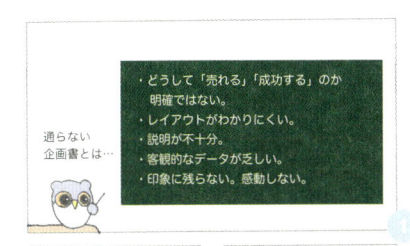

企画書にオマケを付けるな！

感動してもらえるようにハイジのDVDを付けましょう

ホーホー先生のワンポイントアドバイス

ハロー効果
どこか優れた部分があると、全体や他の部分も優れていると思い込む心理効果。英語が話せる人を賢い人だと思ったり、文字のきれいな人を誠実な人だと思うなど。この心理効果を利用するためにも、企画書は細かい部分をいかに表現するかが大事になってくる。

ポイントとなるキーワードはここでしっかり解説。主に専門用語やトピックに関する小ネタについて触れています。

本書の登場人物

ナライグマ

アライグマ科の哺乳類で日本に生息している希少種。知識欲が高く向上心があり、なんでも学ぼうとする。企画初心者。

ホーホーキング先生

優れた頭脳を持つフクロウ。様々な情報に長け、性格は温厚で色々な動物に様々な知識を伝授するが、なかなか覚えないナライグマにイラッとする一面も。

キカクマ

クマ科の中でもっとも企画力に優れた種。企画書の達人として、様々な企画を動物界に提案している。

序章
企画書とは？

なぜその企画は通らないのか？
～企画書作りで失敗している人は多い～

　企業は利益を出す商品、事業、イベントなどを求めている。そして、企画書は売れる（＝企業の利益になる）商品、イベント、事業などを実現しようと訴え、それが「なぜ売れるのか？」「なぜ人が集まるのか」ということを具体的に、明確に説明できないといけない。通らない企画書は、「なぜ売れるのか？」「なぜ人が集まるのか」のイメージがつかみにくく、わかりにくくなっていることが多い。企画自体がよくても、企画書の作りが良くないためにボツになる企画は数多くある。

　人は、物の本質よりもまわりの演出物に影響を受けやすいという認知傾向がある。素晴らしい商品や事業、イベントを考えても、それを説明する道具が弱いと、肝心の商品や事業、イベントも低評価になる傾向がある。逆に言うと、企画自体が多少甘くても、企画書の表現方法がうまかったり、説明がわかりやすいと、それだけで企画自体が優れていると思われる。

　人にはどこかに美点があると別の部分まで優れているのではないかと錯覚してしまう心理効果がある。これを心理学では「ハロー効果（光背効果）」と呼んでいる。

　肝心の企画が優れていて、さらにレイアウトが美しく、文章が的確で、イラストや図などが豊富な企画書は印象に残りやすく、読む者に感動を与える。そんな企画書は当然、通りやすくなる。

　企画がボツになっても腐ることはない。アイデア自体が悪いのではなく、もしかしたら企画書が悪いのかもしれないからだ。もう一度、原点に帰って企画書の作り方の基礎を学び、効果的な「通りやすい」企画書を目指したい。

通らない
企画書とは…

- どうして「売れる」「成功する」のか明確ではない。
- レイアウトがわかりにくい。
- 説明が不十分。
- 客観的なデータが乏しい。
- 印象に残らない。感動しない。

企画書にオマケを付けるな！

感動してもらえるようにハイジのDVDを付けましょう

ホーホー先生のワンポイントアドバイス

ハロー効果

どこか優れた部分があると、全体や他の部分も優れていると思い込む心理効果。英語が話せる人を賢い人だと思ったり、文字のきれいな人を誠実な人だと思うなど連想して評価してしまう。この心理効果を利用するためにも、企画書は細かい部分をいかに表現するかが大事になってくる。

そもそもなぜ企画書が書けないのか？
〜はじめての企画書にどう立ち向かうのか？〜

　企画書が「通る」「通らない」という以前に、企画書を「どう書けばいいのかがわからない」という人もいるだろう。特に企業に就職し、最初に企画書を書かなくてはいけないときは、何をどうしたらいいのかもわからないはずだ。でも、混乱することはない。企画書作りはそんなに難しいことではない。

　企画書が書けない理由は何だろう？

　そもそも、企画のアイデアが見つからない場合は当然、企画書なんて書けるはずはない。アイデアを考える場合は、机上だけで考えようとしてないだろうか？そんなときは、P44のアイデアの作り方を参考にしてほしい。

　いや、アイデアはある。でも企画書が書けない。そんなときはまずは、自分でもわかるように整理してあげることだ。自分で整理できてないものを人に説明しようとするから、混乱してしまう。ぼんやりと頭の中にアイデアが浮かんでも、それを文章にして表現することができない人はとても多い。でも、それは自分のアイデアをよくわかっていないことと同じである。わかりやすく、ひと言で相手に伝えられないアイデアは、自分で理解しているとは言いがたい。様々なヒット商品を生み出した企画書は、意外とシンプルだったり、薄いものだったりする。これらの優れた企画書では、アイデアがわかりやすく表現されている。

　ではこれから、どうしてアイデアを生み出し、それをわかりやすく企画としてまとめ、どう表現していくかを考えていこう。その先に企画書はある。

1. 企画書が書けない…

2. それは頭の中で整理できてないからじゃ

3. おぉ 確かに整理されている

4. よーし、整理、整理、おっできるできる なるほど…

5. できた！

6. くか〜

企画とは何か？
〜それは計画された「アイデア」「思いつき」〜

　よく「企画書を出せ」「企画を考えろ」などと言われるが、そもそも「企画」とは何なのか？

　実は明確な決まりごとがあるわけではない。単純なアイデアを企画と呼んだり、イベントのことを指したり、もっと崇高で特別なものとして捉えているところもある。企業や場所、企画書の本によっても違いがある。また、人によっても微妙で曖昧なので、ややこしくなってくる。

　だから、あまり深く難しく考えることはない。漢字の意味する通り、「考えて計画するもの」が企画である。何か目的があって、その目的を達成する手段が「企画」であり、その設計図が「企画書」なのである。たとえば、仕事だけでなく、休日に何をしようかと考えて、気晴らしに旅行に行こうと計画するのも企画なのである。企画のポイントはどうやらこの「計画」というところにありそうだ。

　たとえば、「新商品の販売促進を企画しろ」という課題があったとする。すると、商品の特徴や市場を考え、商品をどうすれば売れるか色々と頭に思い描くと思う。これはいわゆる「思いつき」「アイデア」の段階だ。これをそのまま言うだけでは「企画」とはならない。これだけでは「企画」の「企」の部分、販売促進を「企てた」「考えた」という部分である。そうして、この「思いつき」「アイデア」をどういう方法で、どういう順序で行なっていくと効果的かと計画をして、まとめていくと、それが「企画」になる。その思いつきが成功する根拠や理屈がなくてはならない。そして、企画を考えた人の手から離れても、明確に別の人に伝えられるものと言える。

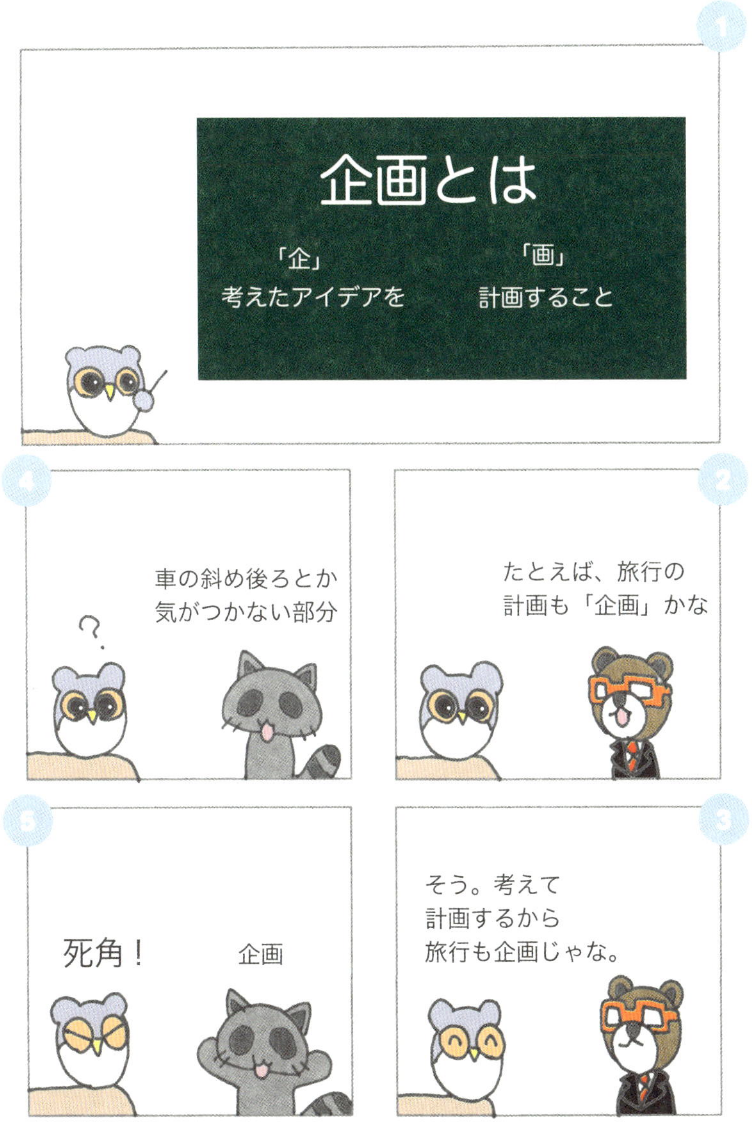

企画とは

「企」 考えたアイデアを　　「画」 計画すること

---

2. たとえば、旅行の計画も「企画」かな

3. そう。考えて計画するから旅行も企画じゃな。

4. 車の斜め後ろとか気がつかない部分

5. 死角！　企画

企画書の定義
～企画書に求められるもの～

　企画の設計図が「企画書」であるから、企画書は誰が見ても企画内容がわかりやすく明確に伝わらなくてはならない。伝わるといっても、**相手に「理解してもらい」「納得してもらう」ことが大事である。**また、企画書は実現をすることを前提に書かれていて、実現するまでの計画書になっている必要がある。ただアイデアが並んでいるだけのものは、基本的に企画書とは言えない。

　つまり企画書とは、

> ❶ 企画内容が依頼者の要望に沿っている
> ❷ 企画内容が具体的に、わかりやすくまとまっている
> ❸ 企画が成功する根拠、データ、理論などが明記されている
> ❹ 実施するための費用と利益が書かれている
> ❺ 実施するためのスケジュール、チーム等が明記されている

ということが必要となってくる。特に❸以降はデータを集めたり、調査をしたりしなくてはいけないものなので、すぐにまとめられるようなものではない。これが企画書の敷居を高くしている部分でもある。

　そこで、企業によっては❷まで（一部❸を含むこともある）をまとめたものを「提案書」として企画書の前に書くこともある。しかし、提案書を企画書と呼ぶ企業もあるなど、いまひとつ標準化されていない。自分が書くべき企画書は、どこまでの内容を求められているか事前にしっかりと確認する必要があるだろう。

①
それは企画書
じゃないな

アイデア

②
そう
これが企画書

根拠
投資効果
スケジュール

③
ん〜

④
わかった、最初は
提案書から書いてみたら
どうじゃ
下を確認してみ
どーん

> **ホーホー先生のワンポイントアドバイス**
>
> ## 提案書
>
> 企画書はアイデアだけでなく、実施までのスケジュールや投資効果などが書かれていることが前提となる。そのため、時間的に簡単には作れない。そこでアイデアやアイデアを実現する根拠、データなどを加えた、簡単な企画書を提案書として方向性確認に使われることがある。

企画書の中身
～企画書の構成項目～

次に、企画書の具体的な構成項目を説明したい。

❶ 企画のタイトル：場合によってはサブタイトルを付けることもある。タイトルを決めるのは最初でなくてもよい。

❷ 企画に至るまでの背景：商品開発ならば市場の背景、クライアントに何かを提案するならば、クライアント企業の現状や業界背景などを分析する。

❸ 企画目的：企画にはどこまでを期待しているのかを明確に提示し、企画の方向性を確認する必要がある。

❹ メインの企画趣旨の説明：一般的には趣旨の前提として企画のコンセプトを提示することがある。コンセプトを受けて具体的な企画の説明があり、企画の効果を説明する。投資費用や想定利益、その効果を裏付けるデータや理論を添付する。

❺ スケジュールとメンバー、チームの説明など

つまり、企画の主要項目は

・企画背景　　※こんな問題点があり、こんな現状だから
　↓
・企画目的　　※このようなことを目標に
　↓
・企画概要　　※具体的にこんな事ことをすると
　↓
・投資効果　　※こんなにメリットがある（儲かるなど）

という流れで説明できるのだ。

4 投資効果

昨対で 7% 売上増が見込める

1 企画背景

ノンアルコールビールの競争が激化

5 企画書はこんな感じで進められる

企画背景
↓
企画目的
↓
企画概要
↓
投資効果

2 企画目的

33% 市場

約 1/3 のシェアを取ることを目標に

6

ノンアルコールだよ！

酔っぱらってわかりませーん

3 企画概要

・ビールと遜色ない風味
・今までにないのどごし
・キレ味

を実現

自分で書く企画書の重要性
～企画書がもたらす大きなメリット～

　企画書は、その性質の違いから２種類存在する。クライアント、会社の上司などから目的を与えられ**「言われて書く企画書」**と自ら問題意識をもって**「自分から書く企画書」**である。

　言われて書く企画書は、問題を与えられるので、それに沿って書けばよい。しかし、自分から書く企画書は、自分で問題を見つけてビジネスチャンスを広げていく提案をするもので、似てはいるが価値に大きな差がある。もし、本書を手にしている方で、特に企画書を書く課題を与えられている訳ではない人は、ぜひ自分から企画書を書いてほしい。企画書を出させてほしいと自分から上司に直訴するのだ。自発的に書く企画書はあなたにとても大きなメリットをもたらしてくれる。そのメリットの一部を紹介しよう。

❶ ビジネス感覚が磨かれる

　企画書を書くメリットは自分の**ビジネス感覚が磨かれる**ことだ。新しい商品の提案、効果的な販売促進の提案、もっとおもしろい店舗企画など「自分だったらこうするのに」という視点でビジネスを捉えることで広い視野が養われ、企画力が磨かれる。これは職種を超えて多くのビジネスマンが持つとよいものである。

❷ 企画書作りがうまくなる

　よく作家は処女作を超えられないという。しかし、企画書に限って言えば、書く作品書く作品がどんどん上手になっていく。どうすれば相手を説得しやすいか身をもって理解できるからだ。

　最初は失敗したり、ボツになることも多いだろう。しかし、そ

んなことで負けてはいけない。企画書は、書けば書くほどうまくなる。失敗しても次の企画書の糧として前向きに取り組んでほしい。50部書くころにはかなり自信を持てるようになるだろう。

❸ **表現力が身につく**

　企画書を書いてビジネスを動かすことはとても大事だが、それが全てではない。ビジネスシーンでは様々な資料や文章などを提出する機会がある。企画書作りで文章力や表現力を磨いておくと、様々なシーンで応用できる。これはとても便利な才能となり、自分を救ってくれるようになる。自分に自信がつくのも大きなメリットだ。

❹ **相手を説得できるようになる**

　企画書をまとめていると論理的に物事を解決するクセがつくようになる。すると、多くのビジネスシーンで誰かを説得するときにとても役立つようになる。なぜその商品がよいのか？　なぜそれをいま行なう必要があるのか？　説明して納得させるテクニックが身につき、上司や経営者の感覚（一声）で排除されることが少なくなる。

　このように、自分で書く企画書は様々なメリットをあなたに与えてくれる。ぜひ自ら率先して企画書に挑んでほしい。

よし

ポーポー・ポロダクション代表の企画生活①

　今までの企画書作りで一番、辛かったのは、社会人2年目のとき。私が服飾のデザイナーの見習いをしていたときのことだった。当時、私はある服飾メーカーの企画室で、洋服のデザインや既存服のコーディネイトをしていた。そのとき、ある地方企業の制服デザインコンペに参加したが、最後発で無理やり参加したせいか、金曜日の夕方にオリエンを受けて、月曜日の正午に提出という無謀なスケジュールを提示された。

　服のデザインは別のデザイナーが担当し、私は企画書をまかされた。職種別に複数案のデザインを持っていくことになり、点数にして約20点、約30枚の企画書を金曜日の夜から月曜日までほとんど寝ないで書き上げた。本当に辛かった。

　内容は決してほめられたものではなかったと思う。言葉もつたなかったし、デザインも美しくなかった。しかし、「なぜこのデザインを提案するのか」という部分だけはわかりやすくまとめようとした。

　月曜日、私は担当者を前に説明をした。あまりうまく企画書ができなかった自分、そしてこんなスケジュールを設定した担当者に、少しイライラしていたのを覚えている。

　担当者は無表情で、冷たい印象のある男性だった。ところが説明が終わった後、「とてもわかりやすい説明と企画書だった」とひと言。その言葉を聞くとふっと肩の力が抜け、自然と涙が溢れてきた。恥ずかしいことに、お客様の前で溢れる涙を止めることができなかった。泣きながら「自分は一生、ここで生きていく」と思っていた。企画を仕事に生きていくことを決めた瞬間だった。

　一番辛い企画書作りだったが、とてもうれしい結果が待っていた。

1章
企画書の準備

企画書に必要なツール
～どんなソフトを使えばいいのか？～

　企画書を作るのにどんなソフト（アプリケーション）を使えばいいか、最初は悩むであろう。それぞれ特徴があるので、自分のレベルとどんな企画書を作るかによって考えて決めるとよい。

●ワード（Microsoft）　社内　初心者

　ワープロソフトなので、どうしても文字が中心の企画書になる。写真や画像は容易に差し込めるので、1枚提案書のような社内向きの簡単な企画書では問題ないこともある。

●エクセル（Microsoft）　社内　初心者

　文章の入力やレイアウトにやや自由度があり、図形や着色も簡単なので、利用している人は多い。ただし、基本的に表計算ソフトなので、画像系の加工が困難で自由度が低い。

●パワーポイント（Microsoft）　社内外　中級者

　プレゼン用のツールだけあって、企画書向きの機能が多彩。最も企画書が作られているソフトである。テンプレート（定型書式）も豊富にあり自由度も高い。しかし機能型のソフトなので、デザインには限界があり、魅せる美しい企画書作りには限界がある。

●イラストレーター（Adobe illustrator）　社外　上級者

　最もよく使われているグラフィック制作ソフト。デザイン面の自由度が高く、優れた表現力を持つ。文章の打ち込みも簡単で、見やすい文字デザインや文章のレイアウトに適している。インパクトのある企画書を作りやすいが、使用には勉強が必要。

1

企画書は
こんな感じ
で作られる

企画書
企画書
企画書

アプリ

パソコンで作り

カラーコピーで量産

プリンターで印刷

ふーん

2

アプリって
エクセルとか？
ワード？

3

そう
でもどうせなら、
パワーポイントのほうが
使いやすいぞ

やっぱり

4

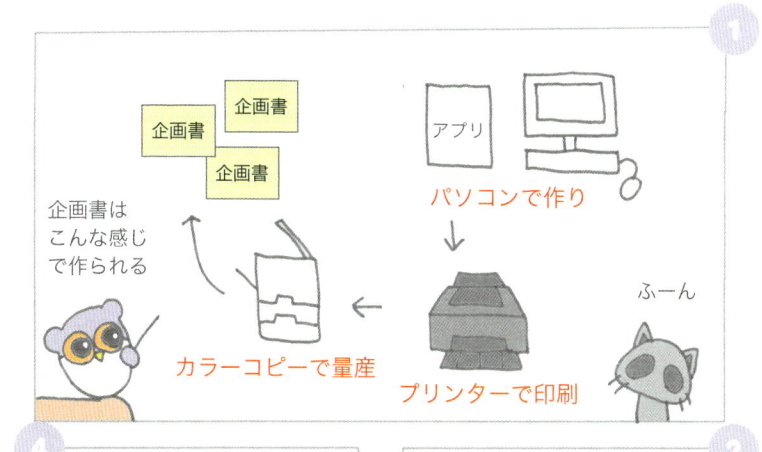

パワーポイントなら
・簡単操作で機能が多彩
・スライド資料が簡単
・アニメーションも作れる

おー

5

そんなもん
作れん！

アニメって
ガンダムとか？

企画書のプロセス
～企画書はどう進めればよいのか？～

　では、具体的に企画書の進め方について説明しよう。まず「言われて書く企画書」の場合、必ず「オリエンテーション（オリエン）」というものが存在する。これは企画書の依頼主が制作者にどういう企画書がほしいかを説明するもので、制作者はこの方向性に沿って企画書を制作していく。「自発的な企画書」の場合は、オリエンテーションは存在しない。自社の企画書ならば、自分でどういう企画が求められているかを判断しなくてはいけない。

　次に企画背景を探る現状分析である。たとえば商品開発なら既存商品の分析、競合他者商品の現状、業界の動向など、企画の背景を調査分析する必要がある。すると、どんな商品がよいか企画の方向性が見えてくることが多い。そして、企画の目的を確認しつつ、具体的なアイデアを広げていく。

　具体的なアイデアが広がっていく中で、それを上手にまとめるためにコンセプトを設定する（※詳しくはP50参照）。

　コンセプトとは企画の全体の骨子となる発想や考え方をまとめた企画の基盤となる存在だ。企画の方向性からコンセプトへつなげ、コンセプトに沿ってアイデアをまとめていく方法もあれば、アイデアをまとめる段階でコンセプトを設定する方法もある。

　そしてアイデアを裏付ける理論、資料を探して企画内容をまとめていく。依頼主が納得し賛同してもらえる内容になっているか確認し、スケジュールと予算を照らし合わせて計画を組む。

　これが大まかな企画書制作のプロセスである。

1
クライアントから**オリエン**を受け

新イベントを

カキカキ

2
企画背景を分析する

なるほど市場は頭打ちか

3
すると企画の方向性が見えてくる

新規顧客の取り込みが必要かな

4
企画の目的を考え

新規顧客を5%増やすと…えーと、えーと売上が…

5
そして具体的なアイデアを…

そうか、いいアイデア思いついた

6
オイ！

現実逃避

オリエンテーションの重要性
～企画書を書く前から、企画書制作は始まっている～

　企画書の制作は依頼主から受けるオリエンテーションから始まっている。たとえ、どんなによいアイデアが詰まった企画書でも、依頼主の要望から外れてしまっていれば、何の意味もなさない。通らない企画書の多くは、このオリエンテーションの受け方で間違えてしまっていることが多い。では、間違いのないオリエンテーションはどうやって受けるべきなのか？

　取引先からオリエンテーションを受ける場合は、**参加する前に必ず相手の業界背景や企業背景を調べていくこと**。相手の状況を知った上でオリエンテーションを受けるのと、知らないで受けるのでは雲泥の差がある。話が通じなくて「すみません、勉強不足で」という言葉は、プロとして決して使ってはいけない言葉だ。相手の状況を調べておけば、オリエンテーションを受けながら企画の方向性が見えてくることが多い。上司から企画書を依頼される場合も同じだ。オリエンテーション（打ち合わせ）の前に、上司が求めてくるもの、会社が求めているものを日頃から察知できるように、アンテナを伸ばしておく必要がある。

　またオリエンテーションでは、具体的な企画の方向性が示されないこともある。クライアントも明確に問題点や改善の方向性を把握していないことがあるからだ。そんな場合は、曖昧なまま帰ってきてはいけない。企画自体も組みにくくなるし、最終的に企画が先方の意図から外れることもある。そんなときは**「御社は現状では、○○のような状況にあるので、それを改善するような企画を考えればよろしいですか？」**とこちらから整理して確認してあげることが大事である。企画書提出前にひとつ相手に好印象、期待感を与えられる。

4
オリエンの新人は

弊社もそろそろ

1
オリエンの達人は

弊社もそろそろ

5
たしかに、
あなたの評価は
社内で第238位。
企画を出しても
微妙なタイミングです。

キラーン

2
たしかに、
御社のシェアは
A社に続き第2位。
企画を出すのに絶好の
タイミングでしょう。

キラーン

6
下調べが間違っている

ご臨終です

3
下調べが完璧

さすがだね　　基本です

オリエンテーションのチェック項目
~オリエンテーションで確認すべき内容~

　オリエンテーションで聞くべき基本事項を受ける際のチェック項目をまとめてみた。項目ごとにチェックしながら、オリエンテーションを受けてほしい。

【聞くべき基本事項】

- □ 現状問題（なぜ企画が必要なのか？）
- □ 企画の方向性（どんな企画を求めているのか？）
- □ スケジュール（企画書提出日、結果通達日、企画実施予定日）
- □ 予算（ハッキリと決まっていない場合は、だいたいの予算感）
- □ 企画書提出形式（提出形式、プレゼンの有無、参加者）

　オリエンテーションを受ける前には、相手企業、相手の現状や考えられる問題点を調べてから行くこと。その後の企画が進みやすくなるだけでなく、社会人としてのマナーでもある。
　また、必ずメモを取ること。しかし、何気ないひと言や数字、数値のようなものだけでよい。人は何かきっかけがあると思い出すことはできても、何もないところから記憶をよみがえらせることは困難であるからだ。しかし、大事なことはメモをしなくとも、真剣に聞いていれば絶対に忘れない。それよりも相手の顔を見てうなずくほうが相手の評価が高くなる。
　また、何を提出すればよいかをよくわからないままにしてはいけない。ただ受け身で聞いているだけでなく、整理と提案をしながら確認をすること。確認で間違えても、企画書で間違えるよりはるかによい。

①

オリエンでは疑問点を必ず質問すること…

・なぜ企画が必要なのか？
・どんな企画を求めているのか？
・いつまでに実施したいのか？
・予算はどれぐらいかけられるのか？
・どんな企画書を提出すればよいか？

③

お金を取るな！

企画書の

②

予算はいくらですか？

ホーホー先生のワンポイントアドバイス

質問効果

オリエンの最後では、質問がなくても質問を作ってしたほうがよい。質問すると積極的に参加している姿勢を感じてもらえ、相手は質問者によい印象を持つ傾向がある。くだらない質問は逆効果だが、積極的に挑戦してほしい。将来のビジョン、期待する効果などの質問もよい。

企画背景の調査
～背景を分析して企画の方向性を浮かび上がらせる～

　企画背景とは、企画を作らなくてはいけない理由のことである。企業は理由のないことはしない。「ただ何となく何かを作ってみました」というものは存在しない。企画が生まれるには、必ず何か理由があるはずだ。

　たとえば「競合他社との差別化を図りたいので新店舗の企画が必要だ」という依頼があった場合、企画の背景は「競合他社との競争」「旧店舗の売上不振」「業界の不振現状」などが考えられる。そして、基本的な企画の目標は「他社との差別化による知名度向上」「売上向上」などが必要になってくる。企画目的とは、言わば企画の目標になるわけだ。

　つまり、「競合他社との競争」「旧店舗の売上不振」「業界の不振現状」だから、「売上向上」「店舗（会社）の知名度向上」をする店舗企画が必要となってくる。どうだろう？　企画書を書くストーリーが少し見えてこないだろうか？

　企画の背景になるのは、もちろん企画内容や企業の業種によって異なるが、一般的な調査・分析項目を下記にまとめておく。

- ●顧客分析・・・顧客の特徴、購買プロセス、要望など
- ●競合分析・・・規模、戦略の把握、商品特性、強み弱みなど
- ●協力者分析・・流通業者状況、広告代理店状況など
- ●自社分析・・・経営戦略、商品特性、社内システム、
　　　　　　　　資金力、企業文化、人的資源など
- ●市場分析・・・市場規模、成長度、経済環境、社会環境など

035

企画背景の調査方法
～情報の集め方～

　何を調べるかがわかっても、どう調べてよいかわからない人もいるだろう。そこで情報の集め方を簡単にアドバイスしたい。

　情報を集めるのには**インターネット**を活用することが最も効率がよい。短い時間で様々な情報にアクセスできる。しかし、誰もが閲覧できるシステムなので、的確で良質な情報をいかに集められるかが求められる。情報も質が勝負なのである。ただ、インターネットの情報は基本的に信頼度が低い。発信元のはっきりとしない情報、個人サイトのデータは使わないことである。クライアントがチェックして、「ここを見たな」と簡単に思われるような情報では気まずいこともある。

　企画する企業の業界情報が知りたければ、業界のニュースが集まるポータルサイトなどをチェックしておくとよい。自動車、病院・医療、化粧品、金融、住宅など様々な業界のニュースが集まってくるサイトは多い。「○○（※会社名、業界名）　ニュース」「○○ポータルサイト」「○○データ」などで検索してみるとよいだろう。

　意外と使えるのが**政府の統計情報**。総務省統計局や厚生労働省の統計データは企画書に使えるデータが多く存在している。これらのデータを使うだけで企画書の価値（信頼感、説得力）が上がる。これもハロー効果の一種である。先方の企業内部情報や競合他社の情報を色々と探そうとしても普通は公開していないことが多い。そんなときは、求人ルートから探すと効果的である。求人をしているような企業なら、求人情報サイト、求人情報誌には、ホームページにまだ公開されていない新規事業、今後の方向性などの情報がつかめることがある。

1

情報は
どこから
集めるべきか？

- ポータルサイト、業界ニュース
- 小売店、企画実施場所（現場）
- 求人情報（公開してない企業情報）
- 政府の統計資料

2

情報が見つからないなら
求人情報も見るとよいぞ

はーい

3

求人情報に
ハマってどうするんだ！

ドド
ドドド

ホーホー先生のワンポイントアドバイス

情報のハロー（光背）効果

意外と使えるのが政府の統計情報である。総務省統計局（統計局ホームページ）では、人口、経済、文化の動向を示す様々なデータが手に入る。データ元を「総務省統計局」と書くだけで信頼度が上がり、それは企画書自体の信頼度も上げてくれる。後光のような心理効果がある。

目的の明確化
～誰に向けた何のための企画なのか？～

　企画書を書き始める前に、もう一度企画の目的を確認し、明確にしておくことが必要だ。いまいち明確でないなら、そのまま進めず、この時点で明確にすべきである。目的を作るために、誰に向けて何のために企画書を作るのか確認しよう。

　たとえば、ある企業のコピー機を新しくしてもらうため、売り込みの企画書を作成しないといけないとする。すると企画の目的は「新コピー機の導入」となりそうである。

　しかし、冷静に考えてほしい。その目的はあなたの目的（メリット）である。相手の企業から依頼されているわけでないなら、先方はコピー機を導入する意味がない。**目的はあくまでも相手企業の目線で考え、相手の利益になることを目的としなくてはならない。**したがって、企画の目的は「新コピー機の導入によるコストの圧縮」などとなる。より詳しく「30％の圧縮」などと書けるとよい。

　新しいコピー機は初期導入費がかかるが、運用コストが極めてよく、維持費がとても安価ですむ。年間ベースで見ると節約になるということを提示する。相手の利益を考えていかないと企画に賛同はしてもらえない。

　目的の明確化は以下のように考えるとわかりやすい。

☐ターゲットを明確にする（誰のための企画なのか？）
☐どんなメリットがあるのか（何のためにする企画なのか？）
☐どこまでのメリットを求めるか（それをどこまで追求するのか？）

④ どんなメリットがあり	① 企画の目的を明確に
ランニングコストを下げる	目的を失った… ポロ

⑤ どこまでメリットを求めるか	② ターゲットを明らかにして
30% の削減	A社

⑥	③ どんなことをすると
そこまで考えなくていい / そしてボクの給料は20%アップ	コピー機を買い替え

企画力を磨く方法①
～新しい刺激に敏感になれ～

　企画を作る背景や目的が明確になっても、肝心のアイデアが浮かばないといけない。ではどうしたら、アイデアが浮かぶのだろう？　様々なアイデアを出せる「企画力」はどうしたら身につくのか？

　企画力は限られた人間だけが持つ特殊能力ではない。誰でも訓練すればできるようになる。なぜなら、企画力の原点になるのは過去に経験した「記憶」である。企画力が乏しいというのは、「もともとの経験が少ない」「記憶する方法が悪い」「記憶の引き出し方が悪い」のいずれかである。ここでは土壇場になって焦らなくていいように、日頃からできる企画力の磨き方の一部を紹介する。

●新しい刺激に敏感になる

　あなたは毎朝の会社へのルートが決まっているだろうか？　もしも同じバス、同じ電車、同じ道を歩いて通勤しているとすると、それは企画者としてよい行動とは言えない。企画力を磨くためには、できるだけ新しい刺激に敏感になるのがよい。

　最短ルートを捨てて、いつもと違うルートで歩くと、広告、人、景色など新しい発見があるはずだ。その発見を楽しめると脳にはよい刺激になる。アンテナを伸ばし、新しい刺激を大事にしていくことが、将来作る企画に役立つ記憶になっていく。同様に仕事帰りの居酒屋でいつも同じメニューを頼んではいけない。そもそも、いつも同じところに飲みに行くべきではない。

　日頃から、よくわからないものに触れる楽しみ、ドキドキ感を大事にする習慣をつけたい。

3 刺激は脳を活性化させる

刺激　　　　脳の活性化

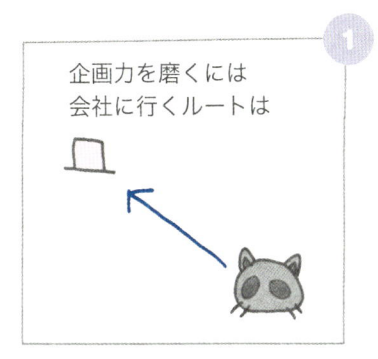

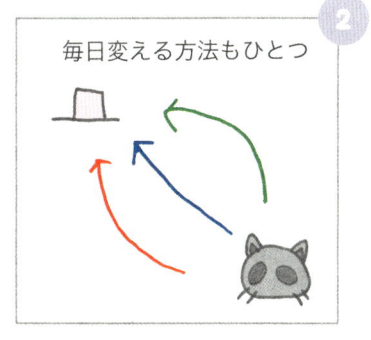

1 企画力を磨くには会社に行くルートは

4 ダメ！　　だから遅刻したの許して

2 毎日変える方法もひとつ

🦉 ホーホー先生のワンポイントアドバイス

脳は新しい刺激で活性化する

新しい刺激は脳を活性化し、企画力を高めてくれる。会社までのルートを変えるのが目的なのではなく、変えたことで新しい刺激に触れるのが大事である。目的の場所に行くときには、ひとつ前の駅で降りて、歩いていくのもお勧めだ。歩きながら色々なものに敏感に触れてほしい。

企画力を磨く方法②
～疑問を持つ視点／人に評価／よい「睡眠」～

● **色々なものに疑問を持つ視点**

ふだん何気なく暮らしていると、目に入った物を何も考えずにスルーしてしまう。視覚は脳がコントロールしているので、見たいものには目がいくが、そうでないものはまったく記憶に残らない。たとえば、ポストの色とか非常口のサインなど、なんとなくはわかっても正確には再現できないだろう。日頃からよい企画を作り出すために、色々なものに疑問を持ち「なぜこれはこんな形をしているのか？」という視点で物を見ることが大事である。

● **人に評価をしてもらう**

おもしろいことを考えたら、知人に話をして評価してもらう。そうして喜んでもらえると、さらにおもしろいことを考えようと意欲が高まってくる。この意欲がモチベーションや行動力を生み、さらにおもしろいもの、人に喜んでもらえるものを考える原動力となる。

● **よい「睡眠」をとる**

企画力を磨くには実は「睡眠」も大事なのである。記憶は睡眠と関係していると言われ、寝ている間に脳内では「必要な情報」と「不必要な情報」に振り分けている。夢は心の奥にある願望や心理状況を投影しているだけでなく、記憶の整理整頓の過程で生まれる現象であるという学者も多くいる。企画力には記憶力が重要で、記憶力には睡眠が重要なのである。

1
企画力は記憶力が大事

あれなんだっけ？

2
記憶力を高めるには
よい睡眠が大事

3
睡眠中に記憶の整理が
行なわれているという

これはいる記憶

4
ウソつけ！

まだ、整理が…

ホーホー先生のワンポイントアドバイス

睡眠と記憶力

脳科学の研究で、睡眠中には記憶の整理がおこなわれていることがわかってきた。今日得た情報を過去の情報と結びつけ、必要な情報と不必要な情報に整理し保存しているという。そのためよい睡眠を取らないと、記憶情報が結びついて生まれる「ひらめき」がうまく働かなくなる。

アイデアの作り方①
～組み合わせ／対象物になりきる～

　次に、保存されている記憶をどうやってアイデアにしていくかを説明したい。**アイデアは無から作られるものではない。**オリエンや企画背景の情報を受けて、既存の記憶を組み合わせたり、模倣したりして作られるものである。だが、インターネットで検索して得た情報をちょっとだけ変えてみるようなアイデアでは企画人としての成長が止まってしまう。様々な視点で発想して、アイデアを作り出してほしい。

● **組み合わせ術**

　最も簡単なアイデア発想方法のひとつ。異なる２つのものを組み合わせて考えるもの。新商品開発などでは、「携帯電話」と「眼鏡」を組み合わせて、眼鏡型携帯電話などと発想する。ただし、ありきたりのものを２つ組み合わせてもおもしろくないので、できるだけ方向性の違うものを組み合わせる発想がおもしろい。イベント企画なども、２つのイベントを組み合わせて融合することで、新しいアイデアにならないか考える。

● **対象物になりきる**

　商品開発の場合、商品を使う側の視点ではなくて、**商品側の視点になってみる。**たとえば自分が掃除機になって、部屋を移動すると、不都合になる部分などが見えてくる。キャラクターなどを考えるときも、キャラクターになりきることでどのような性格になるといいかなどが見えてくる。

④ 振動がしにくく静かなシャーペンを作ろうと考える

① 実際に商品になってみると別の視点からアイデアが出る

⑤ えっ？
なんでそんな視点でアイデアが生まれるかって… それは…

② たとえば、シャーペンの商品開発の場合…

⑥ よく、妻に物にされるから…

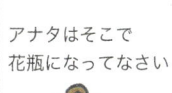

ハイ

アナタはそこで花瓶になってなさい

③ あれ？意外と振動が

カチカチ

アイデアの作り方②
～図書館・書店活用法／映画活用法／ドラマ作成～

● **図書館・書店活用法**

　図書館や大型の書店に行き、何気なく選んだ本棚の前に止まり、そこに書いてある書籍のタイトルを発想のヒントにする。書籍のタイトルは挑戦的なものやスタンダードなものが混ざっており、タイトルを眺めていると、おもしろいアイデアが浮かんでくることがある。タイトルの一部を別の表現にしてみたり、隣同士の書籍のタイトルを組み合わせてみたりすることもしてみるとよい。

● **映画活用法**

　デザイナーやイラストレーターの中には、映画からインスピレーションを受ける人も少なくない。映画はストーリーがあり、多彩なキャラクターが登場する。また、映画に登場する小物からも色々と刺激が得られる。自分だったらちょっと変えて、こうして見ようという視点で映画を見ることで、様々なアイデアが生まれることがある。

● **ドラマ作成**

　自分で物語を作ってしまうのもアイデア発想的にはおもしろい。通行中、移動中にすれ違った人の物語を妄想してみる。相手の持ち物や服から、どんな生活を送っているのか想像し、物語を作っていく。人物背景や持ち物、イベントなどを考えているうちに、おもしろいアイデアが浮かんでくることがある。

4

俺の背後に並ぶな

スゴ腕で
冷酷な
スナイパー

1

自分で勝手にキャラクターを
想像するという方法もある

ホームページの
コンテンツどうしょう？

5

冷酷な　　⟷　穏やかな
スナイパー　　　店員

人は見た目は
わからない。
人の内面って
おもしろいな…

2

たとえば、よくいくコンビニの
店員さん

6

あっ、
裏の自分がわかる
性格診断なんて
おもしろい
かも…

3

いらっしゃいませ

穏やかに
見えるけど
実は…

ポーポー・ポロダクション代表の企画生活②

　無理と言われると、やりたくなるのが企画人というものである。今までで一番無理と思える企画を動かしたのは、ある主要都市圏の駅前に飲食関係の新店舗を出す企画であった。当時、私はその会社の販促担当として企画に参加していた。ありふれた店を出す計画で進んでいるのを知り、このままではいけないと思い、企画書を作って経営陣に掛け合った。「そんな店では戦えない」とかなり鋭角なコンセプトを提案した。大型店舗で億単位の金額が動くのに、失敗がわかっているのを見逃すわけにはいかなかったのだ。

　何度も経営陣にプレゼンをして採用されたのはいいが、社内からは反発を受けた。社運を賭けた事業に、店舗開発の実績のない私は大きな抵抗を受け、かなり厳しい立場に立った。そうして、ときには別の部署の人間を説得し、ときには部門長と戦う日々が始まった。そして、他店にはない料理とサービスを考案して、なんとか実際に店舗を立ち上げることができた。

　アルバイトを50人以上採用した大型店だったが、工事の遅れから研修も不十分。オープン前日のシミュレーションでは、料理はほとんど回らない、スタッフもコントロールできず、悲惨なありさまだった。机上論と現場のギャップを痛いほど知った。パニックになる店長を見て、かなりの窮地であることに気づき、自ら徹底して店舗に張り付き、厨房で料理のフォローをしながら店のコントロールに明け暮れた。オープンから深夜までフライパンを振り続け、自分を信じてくれるスタッフと共に店を盛り上げた。

　数ヵ月後、高額な目標売り上げを達成し、私の役割は終わった。企画は、企画書が通っただけで終わりではない。実現させて、現場で生かしてこそなのだ。

2章
相手を納得させる企画書のルール

コンセプトとは何か？
～それは企画の「基本理念」「基本方針」～

　企画につながるアイデアが出てくると、それを上手にまとめるために**コンセプト**の設定が必要となってくる。コンセプトは企画の全体の骨子となる発想や考え方をまとめたもので、企画書の要となるものである。簡単に言えば「基本理念」「基本方針」のようなものであり、企画の「こだわり」とも言えるし、企画の方向性を「最適化」した表現とも言える。

　コンセプトは、**わかりやすく短い単語や単語の組み合わせで表現できるものが好ましい。**メンバーの誰でもが、人の曖昧な感性に左右されることなく、企画の方向性を実感できるものである。

　たとえば「家族にやさしい車」というコンセプトで新しい車を作ったとする。すると車のデザイン、内装、車色、トランクの大きさなどを決めるときに、このコンセプトに照らし合わせて考えればよいことになる。家族にやさしい車にするにはデザインはこうしたほうがよい、内装はこうするべき、トランクはこうあるべきというように、物事を決めるときにコンセプトを念頭におけば色々なものがスムーズに決まっていく。

　また、**コンセプトと同時に商品を利用するモデルを考える**場合がある。「家族にやさしい車」なら、過去の販売実績からコア購入者を4人家族で息子と娘がいるという設定にする。平日は母親が運転し、子どもたちの送り迎えと買い物が中心。休日になると父親の運転で、全員でプチ旅行にでかける。

　そんなシミュレーションをすることで、旅行に4つはカバンを持って行くので、トランクはこの大きさが必要などのリアルで細かいデザイン、設計ができあがっていく。

コンセプトは

- 企画の骨子となる考え方
- 企画の「基本理念」「基本方針」

また

- 他の企画との差別化を図る「こだわり」
- 企画の方向性を「最適化」したもの

でもある

みなさんに
コンセプトについて
ご意見をいただこう
と思います

まぁ、最近は
あまりコンセプトを
立たせない流れも
ありますけどね

そうなんですか

焼くとおいしい

え？

企画の要じゃ

なるほど

コンセプトの作り方
〜コンセプトの作り方の基本〜

　コンセプトは、一般的には企画目的を受けて決められる。企画の目的を達成するための方向性としてコンセプトが設定されれば、そのコンセプトに沿ってアイデアを出していく。
(企画背景→企画目的→コンセプト→アイデア出し→企画概要)
　また、アイデアをまとめる段階でコンセプトを設定するという方法もある。
　コンセプト作りは、企画の華やかな部分のひとつであり、コンセプトがうまく設定できると、企画全体が輝きを放ち、うまくまとまる。しかし、毎回うまく設定できるとは限らず、企画書作りの中で最も頭を悩ませるもののひとつとも言える。

コンセプトの作り方の基本は、

❶ 企画目的を受けて企画の方向性を考える
❷ 企画背景を精査して、企画の方向性を進める（修正）する
❸ コンセプトの方向性を見つける
❹ わかりやすい言葉でコンセプトを設定する
※ コンセプトの表現も大事。わかりやすいだけではダメで「おしゃれ」「カッコイイ」という見た目が大事な場合もある
❺ オリエンテーションの内容と照らし合わせて、方向性が一致しているか確認する

　では次のページから、具体的にコンセプトを作る練習をしてみよう。

少し変わった ファミリーツアーの 旅行プラン企画を 考えよう	本当はできない仕事が できたり、体験できる。 これがコンセプトの 方向性かな？
つまりコンセプトは 「家族で1日専門職」 1日畳職人になったり 1日飼育員とか 1日大学教授なんてのも…	普通では入れない ところに入れるとか そうそう そんな感じ
ハッ！ コンセプトって 食べ物じゃないんだ	非日常的な 職業体験なんかも おもしろい なーる

コンセプト設定の練習
〜コンセプト・ワークショップ①〜

　では、実際にコンセプトを作る練習をしてみよう。ある企業から新店舗の企画を依頼されたという設定で、コンセプトを考えてほしい。

　オリエンで与えられた情報は、

- **イタリアンレストランの新店舗企画をしてほしい**
- **店舗のスペースは広め**
- **予算はあまりかけられない**
- **他にも１店舗経営しているので、ノウハウは少しある**

　というものである。

　企画背景としては

- **イタリアンは日本食生活に定着しており、多くの人に利用されている人気レストランのひとつ**
- **出店予定値は競合店が多い**
- **競合店は安価なレストランから高級店まで多彩**

というものであったとしよう。

　さて、あなたならここからどんなコンセプトを導きだすだろう？

　本当の企画ならば、もっと詳細に質問し、詳細な背景を手に入れるが、ここでは簡易的に現状の情報で練習してほしい。

　では、情報を整理してみよう。

　企画の目的は「イタリアレストランの新店舗を立ち上げること」だが、利益が上がる店舗を作らなくてはいけない。よって、目的は「利益の上がるイタリアレストランの新店舗企画」である。競合店が多いジャンルのため、普通のレストランを作るだけでは厳しいことが想像される。そこで差別化を図れる店であることが必要になってくる。ところが予算はあまり使えない。高級店や内装

が凝っているような店舗は困難だ。

　さて、コンセプトの方向性をどう考えるか？　情報が少なく、方向性もいくつもあるが、どうだろう？　制限時間は20分。自分で考えるまで、本書を読むのを止めよう。そして、いくつかの案が出てきたら、下記と次ページの例と自分の案と比較してほしい。

◎方向性1. より安価な店舗の方向性

　差別化を図るために、より安価の価格帯を実現した店舗の方向性もひとつ。安価の価格帯での利益確保の形態が求められる。

[コンセプト1-1] パスタハウス

　イタリアンの中でもパスタに特化することで調理の手間を省き、人件費を抑えたレストラン。メニューを絞ってより安価な価格帯にすることも、バリエーションを豊富にして専門店として差別化を図る方法もある。

[コンセプト1-2] 懐かしの「ナポリタン」

　昔ながらのナポリタンを食べさせてくれるカジュアルな洋食店。最近はどの店もおしゃれで本格的になってきているので、あえて逆の発想で懐かしさから生まれる新鮮さを狙う。

[コンセプト1-3] ワインを満喫できるバール

　バールとはワインやお酒の楽しめるバー（カフェ）の形態。イタリアはワインも有名なので、色々な種類のワインを安価で楽しめるお店。ボトル売りを用意せず、全てグラスワインにするのも特徴的になるであろう。

　また、大人が抱えるような大きなワインボトルを用意して、量り売りにすると視覚的によい。

コンセプト設定の練習
～コンセプト・ワークショップ②～

◎方向性2. 特徴を強調した店舗の方向性

普通のイタリアンを出しても差別化が図りにくいので、何かの特徴をより強調することで注目を浴びる店舗を考える。

[コンセプト2-1] ホームメイド・イタリアン

イタリアのある地方の家庭料理を出すお店。特徴を出すために「ナポリ郊外に住むマリアおばあちゃんの料理」のような細かいイメージキャラの設定をしてもおもしろい。

[コンセプト2-2] 屋台で色々な場所のイタリアン

イタリアンは地方によって多彩な料理を持つことが特徴でもある。広い店内スペースとイタリアンの特徴を活かして屋台を店内に作り、北の料理や南の料理を同時に楽しめる展開にする。

[コンセプト2-3] 文化＆料理

日本では様々なイタリア料理を食べさせる店があるが、意外とイタリアの文化を紹介する店舗は少ない。広い店内スペースに席数をいっぱいつくると人件費もかかるので、イベントスペースを用意し、そこでイタリア文化を紹介するイベントも見られる店舗にする。

◎方向性3. スタンダードに攻める方向性

レストランの本質といえば、料理の味と店の雰囲気。奇をてらわずに美味しくて雰囲気のよい店を作るのもひとつの方向性。

[コンセプト3-1] スタンダード・イタリアン

よいシェフが作るよい料理。そして明るいスタッフが作るスタンダードなイタリアン。スタッフにイタリア人がいるだけで、グッと本格的な雰囲気になる。イタリア人は陽気な人が多いので、盛り上がりも提供できる。

[コンセプト3-2] 地域色を出すイタリアン

イタリア料理にはエリアによって高い食材を使わない場所がある。そんな場所をピックアップして地域をコンセプトに出すのもおもしろい。イタリアンの多くでは、チーズの仕入れ値の高さに頭を悩ませているが、たとえばシチリアの料理は、魚介が中心であり、チーズの代わりにパン粉を使うなどの工夫ができるので、安価でできるものが多い。

この問題に正解も不正解もない。方向性は他にも考えられる。自分で考えたコンセプトが、ここに書いてある例よりも優れていると思った人は素晴らしい。ぜひ、どんどんその企画力を磨いていってほしい。逆にあまりコンセプトが浮かばなかった人は、これを参考に考え方と組み立て方を参考にしてほしい。

ひとつアドバイスをすると、いきなり店舗の形を考えるのではなく、「方向性1」「方向性2」のようにコンセプトの方向性をまず考えて、それからまとめると理論的にうまくまとまることが多い。

説得力ある企画内容のまとめ方
～相手を納得させる企画書にするには①～

　コンセプトに沿って企画内容を広げたら、内容を企画書にまとめなくてはいけない。ところが、ここでうまくまとまらない企画書もある。企画内容がどんどん広がっていってしまい、クライアントの依頼内容を無視して自分のアイデアに酔ってしまったような企画書も見受けられる。

　また、企画内容を詰め込みすぎて、何が言いたいのかよくわからない企画書もある。ここでは企画内容のまとめ方について、チェックリストを用意したので、確認しながらまとめてほしい。

□オリエンの内容に企画のアイデアがしっかり応えているか

　クライアントの要望（問題点）に応えられていなければ企画書とは言えない。「こちらのほうがよいに決まっている」と思ってクライアントの意向を無視して自分のアイデアに走ってはいけない。

□企画背景、目的、コンセプト、内容がつながっているか

　こんな背景があり、目的があるので、企画の方向性はこうである。だから、こんなコンセプトが必要で、企画内容はこうなりました。企画書にはそんな流れがしっかりできていることが大事。途中で急に異なったコンセプトが登場するような企画書はダメである。

□内容説明がわかりやすく、簡単にまとまっているか

　企画書に厚みを出そうと、やたらと長い文章を書いている企画書になっていないだろうか？　だらだらと書いた企画書では相手

に読んでもらえない。企画内容はわかりやすく、端的にまとめるのがポイントである。

□**依頼者、消費者の視点でも考えられているか**

　企画者にとって大事なのは「視点」である。自分の視点だけで企画を考えるのではなく、依頼した企業、消費者の視点から企画を考えられていないとよい企画とは言えず、相手を納得させることができない。

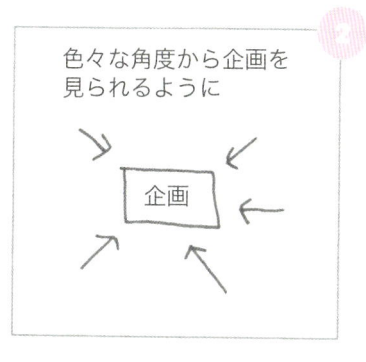

説得力ある企画内容のまとめ方
～相手を納得させる企画書にするには②～

□**提案する企画案は3～5案程度にまとまっているか**

　アイデアがわいてくると、あれもこれもと企画案を詰め込みたくなるが、提案数は3～5案程度にまとめるのがよい。企画案は少なすぎても多すぎても、相手を納得させる企画書にはなりにくい。

□**企画内容に具体案が書かれているか**

　具体案がない、もしくは乏しい企画書は、相手を納得させられない。よい企画書は、良質なアイデアだけでなく、適切な具体案が書かれているので成功のイメージがつかみやすく、賛同してもらいやすい。実現できるビジョン（見通し）も必要である。

□**図、グラフ、写真など視覚的に訴える資料が加わっているか**

　ただ文字が並んでいるだけの企画書は、それだけで担当者は読む気を失う。気持ちが乗らないで読んだ企画書は、ウルトラCな内容でも書いていなければ、なかなか相手の心に響かない。図やイラストなどの視覚的に訴える資料を加えて、相手の興味を少しでも喚起することが大事である。

□**企画に関わるメンバーの選定はできているか**

　どのようなメンバーが企画に関わるのかも、企画の成功を感じさせるポイントである。「このメンバーが入れば安心」という安心感を持ってもらえるような人選が求められる。社内のメンバーだけでなく、外部の専門家をブレーンとして紹介するのも効果的である。

□与えられたスケジュール、予算で実現可能か

　スケジュールはできるだけ余裕を持って組みたい。不況下ですぐにでも実現したいと願うクライアントは多いが、企画書のスケジュールで無理をすると後で迷惑をかけることもある。プレゼンでの印象を狙って無理したスケジュールには注意したい。

　また、与えられた予算で実現可能かしっかりと検証する必要がある。もし設定がなければ、概算を算定して相手に伝えるとよい。

③
脳科学者
心理学者
有名デザイナー
本当か？！

①
企画書できました

④
ウソ書くな　　願望です

②
ほう
優秀なメンバーが
そろっているな

企画書フォーマット
〜1枚企画書（縦型）の例①〜

　何を企画するかによって企画書の形態は大きく変わる。しかし、基本項目はどの企画書でも大差なく織り込まれている。この基本項目を押さえ、簡潔にまとめた企画書に「1枚企画書」というものがある。これは本番の企画書の前に、社内で打診するときなどに効果的であり、事前確認の目的で作られるケースもある。

　クライアントからオリエンを受けた後に、担当者に「方向性の確認」として提出することもある。企業によっては「1枚企画書」を推進し、場合によってはこの企画書だけで事業を動かすこともある。

　まずはこの1枚を書くことが、企画書を書く練習になる。具体的なフォーマットの例を出すので、まとめ方の参考にしてほしい。

●タイトル・サブタイトル
　企画の具体的な提案内容をひと言で表したもの。言いたいことがたくさんあっても、詰め込んで長くしない。サブタイトルはタイトルで書ききれなかった内容を補完するもの。タイトルだけで決まればなくてもよい。

●企画背景
　オリエンの内容、業界の市場、依頼企業の現状などを書き込み、なぜこの企画が必要なのかのバックグラウンドを明記する。

●企画目的
　企画に求められる目的を書く。売上○％アップ、シェアを○％上げるなどの、具体的な数値があるとよりよい。

基本的な企画書の形態で説明じゃ

タイトル・サブタイトル
タイトルはわかりやすく短くまとめる（20文字以内が好ましい）。サブタイトルはタイトルを補完する役割を持つ。

日付・提案者名
提出日と提案者（社名・部署・個人名／グループ）を明記。右上にまとめて書くのが一般的。

企画背景
オリエンの内容、業界の市場、依頼企業の現状などを明記。問題点が明らかになることで企画の方向を明確にする。

企画目的
背景を受け、企画に求められる目的を明記する。売上〇%アップなどの具体的な数値があるとよりよい。

タイトル ［　　　　　　　　　　　　　］　　年　月　日
サブタイトル　　　　　　　　　　　　　　　　所属
　　　　　　　　　　　　　　　　　　　　　　氏名

背景

目的

コンセプト ［　　　　　　　　　　　　　］

企画概要

	〇月	〇月	〇月	〇月

投資効果

063

企画書フォーマット
～1枚企画書（縦型）の例②～

●**コンセプト**

　企画の骨子となる考え方を簡潔に明記。「Simple & Rich」「Light Harmony／空間と光の調和」など**わかりやすく短い言葉で表現できるとよい**。企画の象徴的な視点から、英語やフランス語などを使用する場合も多い。外国語を使うと意味が広範囲になる傾向があるので、多くの場合、共通見解を持つための説明が必要になる。

●**企画概要**

　企画の具体案をまとめる。分量的に1枚企画書では複数の案を展開しにくいので、具体案とその根拠を1～2案で簡潔にまとめる。大きな画像、イラスト、グラフなどは使いにくいが、できるだけ視覚的な表現を工夫して入れたい。

　また、特に文字が多くなりがちなので、画像やイラストを入れてきれいにまとめるとよい。

●**スケジュール**

　スケジュールを入れると企画書にリアリティが加わる。具体的な期日を提示することで、企画を進めなくてはいけないという心理効果が働く。また、無理なスケジュールは後で自分の首を絞めるので、余裕を持ったスケジュールを組むようにしたい。

●**投資効果、その他**

　プロジェクトメンバー、予算、費用対効果などをまとめる。1枚にすべてを明記することが困難な場合は、企画する内容に応じて、効果的、重要であると思われる内容を優先的にまとめていくようにしたい。

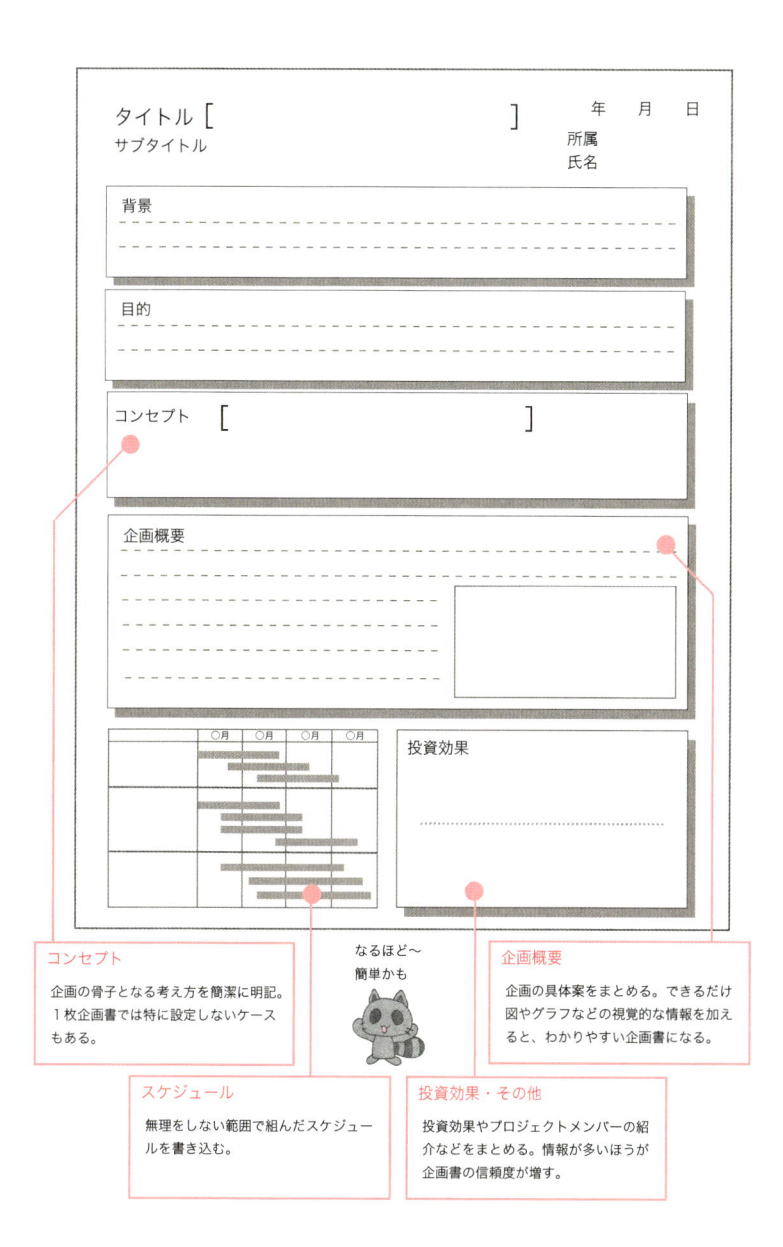

タイトル [　　　　　　　　　　　] 　　年　　月　　日
サブタイトル　　　　　　　　　　　　　　　　所属
　　　　　　　　　　　　　　　　　　　　　　氏名

背景

目的

コンセプト [　　　　　　　　　　　　　　　]

企画概要

	○月	○月	○月	○月

投資効果

コンセプト
企画の骨子となる考え方を簡潔に明記。1枚企画書では特に設定しないケースもある。

なるほど〜
簡単かも

企画概要
企画の具体案をまとめる。できるだけ図やグラフなどの視覚的な情報を加えると、わかりやすい企画書になる。

スケジュール
無理をしない範囲で組んだスケジュールを書き込む。

投資効果・その他
投資効果やプロジェクトメンバーの紹介などをまとめる。情報が多いほうが企画書の信頼度が増す。

065

企画書フォーマット
～基本企画書（横型）の例①～

　提案を受けたクライアントに企画書を提出する場合、B4もしくはA4サイズで横型にまとめる企画書が一般的である。好まれるサイズは企業や業界によって異なるので、どのサイズがよいとは一概に言えない。傾向として以前は企画書といえば何でもB4、A3で提出するのが基本だった。最近では**基本A4サイズ**で、デザインの提案など視覚的に見せる場合のみB4、A3サイズで提出するのが一般化している。見栄えよりも実用的、機能的なものを選ぶ傾向があるようだ。

　フォーマットも、企業によって多少異なるが、一般的な企画書の構成をまとめておく。これを参考に自分でアレンジしてみてほしい。

製本テープ・レールホルダー
企画書をホチキスでとめた後に製本テープを巻くだけで、企画書の価値が上がる。安価で見栄えよくできる。

宛名
提出する企業名を明記する。使い回せる企画書でも宛名を書き込むことで、個別に作ったもののイメージになる。

タイトル・サブタイトル
タイトルはわかりやすく短くまとめる。できれば相手のメリットがタイトルからわかるものにすると効果的。

日付・提案者名
提出日と提案者（社名・部署・個人名／グループ）を明記。中央下にまとめて書くのが一般的。会社のロゴも入れておくと信頼度が増す。

```
株式会社○○　御中


　　　新商品開発企画書



　　　　　　2011.○.○
　　　　　　株式会社○○　○○
```

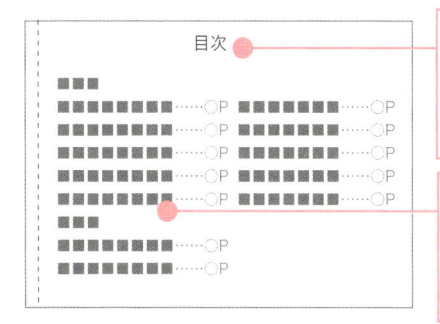

目次
ページ数が多くなる場合は、目次をつけるのが親切。なぜならば、企画書は進行上のマニュアルになっている必要があるからである。

目次ページのレイアウト
ページ数が多くても、目次ページが複数になるのは使いにくい。できるだけ1ページでまとまるようにレイアウトをすべきである。

※目次の後に「あいさつ」のようなページがある企画書もあるが、機能的ではなくクライアントの多くにまったく読まれないので、基本的に必要ない。あいさつは口頭で言えばよい。

企画書は合理的にシンプルにだ

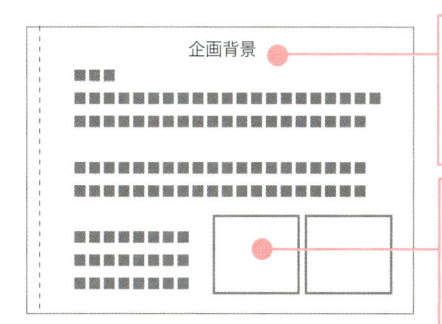

企画背景
オリエンの内容、業界の市場、依頼企業の現状などを明記。問題点が明らかになることで企画の方向を明確にする。

企画背景のレイアウト
企画背景は文章だけになってしまいがちである。印象に残るように、イラストや写真を使いたい。競合店、競合商品の画像は比較的使いやすい。

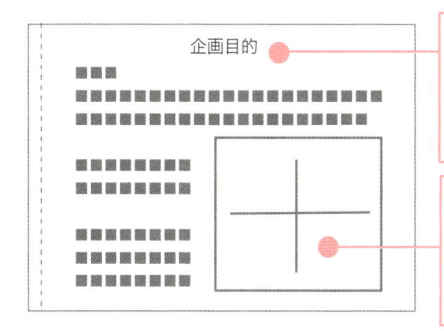

企画目的
背景を受け、企画に求められる目的を明記する。売上○%アップ、市場シェアの○%達成などの具体的な数値があるとよりよい。

ポジショニングマップ
企画実施前後のポジションを明確にするとわかりやすい。たとえば新商品の現状を分析し、企画する商品のポジションはどうあるべきかを解説する。

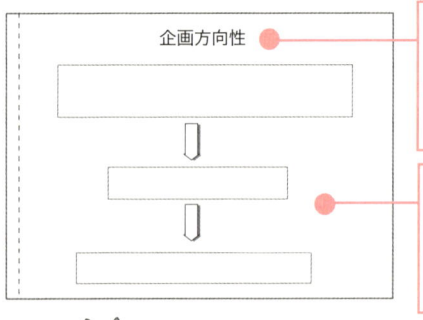

企画方向性
コンセプトを提示する前に、企画背景、目的を受けて企画の方向性を示すのも見せ方のひとつ。ロジックに沿って、コンセプトまで違和感なく導く。

視覚的レイアウト
わかりやすくまとめるために、図形を用いたレイアウトで見せたい。AだからB、BだからCと段階ごとに説明することで相手を納得させる。

なーるほど
わかりやすい

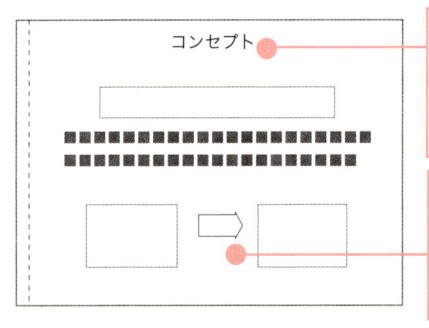

コンセプト
企画の方向性から落とした、企画の骨子となる考え方を簡潔に明記。キーワードとなる言葉を設定すると共通イメージが得られやすい。

ターゲット像（シミュレーション）
さらに、イメージを共有したい場合はターゲットとなる人を仮に設定し、このコンセプトでその人がどう変わるのかを明記してリアリティを出す。

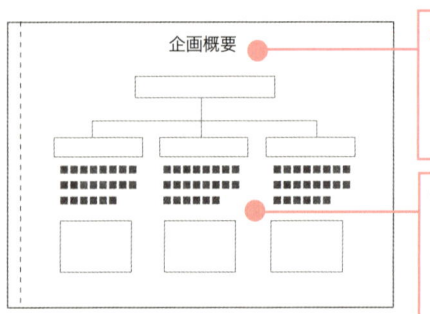

企画概要
企画の具体案をまとめる。説明文だけにならないように図やグラフなどを使って説明し、できるだけ視覚的な情報で説明をする。

提案数
ひとつの提案に絞らず、企画内容によって3〜5案で提案したい。1ページにまとめてもよいし、1案1ページで説明してもよい。

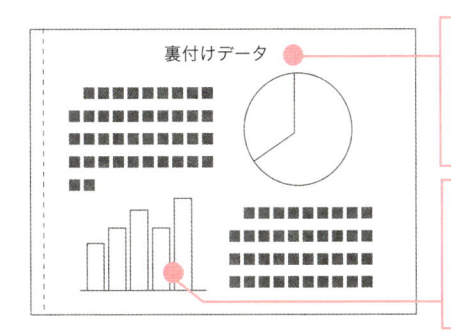

裏付けデータ
企画の優位性を示すためにデータを提示。データによっては企画の信頼度が大きく上がるため、どのようなデータをそろえるかがポイントになる。

グラフの選定
データを見せるためにグラフを活用するとよい。棒グラフは時間的推移、量の比較。円グラフは構成比、比率の比較。分布状況は散布図を使う。

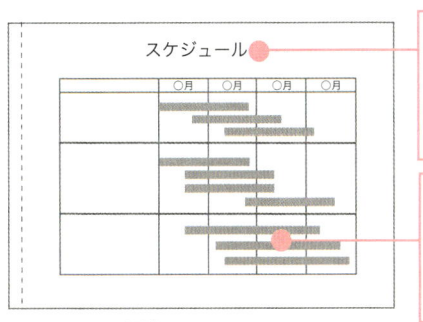

スケジュール
スケジュールは余裕を持って組むこと。最初に無理をするよりも、後で短縮するほうが印象がよい。納期から逆算して組み立てることが多い。

スケジュール表
納期が長い場合、工程数が多い場合は図のような工程表形式がよい。納期が短く、工程が少ないものはカレンダー形式で表現してもわかりやすい。

企画書は進行マニュアルにもなっていることが大事じゃ

投資効果
企業にとって企画実行の鍵を握るのは「どれだけ利益を上げられるか」である。予算をどれぐらい使って、利益がどれぐらい期待できるかを明記する。

その他の記載項目
プロジェクトメンバーのリスト、参考資料などの資料は、必要に応じて記載する。

ポーポー・ポロダクション代表の企画生活③

　この仕事をしていると、「企画を通すコツは何か?」聞かれることがある。そんな質問をされるといつも私は困惑する。企画を通すコツがあるなら、私も教えてほしいぐらいだ。

　企画が通るか通らないかは、様々な複合要因があり簡単には説明できない。主要な要因も「予算」だっり、「内容と予算のバランス」や「斬新さ」であったりする。それは毎回、相手によって異なっているから厄介だ。心理学を勉強しているとオリエンでそこを見抜けることもあるが、どちらかというと見抜けないことが多い。本書に書いてあるような基本的なことを押さえた上で、理論的なアプローチの企画書を提出すれば、企画は「通りやすくなる」。しかし、必ず通るわけではない。

　ただし、ひとつだけアドバイスをすると、企画書は楽しみながら作って、情熱を込めて説明をすることだ。自分が楽しいと思えない企画は相手にとっても楽しくない可能性が高い。企画に対する気持ちはプレゼンにも表れる。情熱を持って説明をすると、何かが足りなくても相手はその気持ちに動かされることもある。「そこまで思ってくれるなら、企画の準備や進行もしっかりやってくれるに違いない」と思う心理が相手に働く。また、人は一生懸命な人には助け船を出してくれやすい感情を持つ。日本人は基本的にやさしい。

　つまり企画人は何に対しても情熱と好奇心を持つことが大事なのである。そして、新しいことを知ることに喜びを感じ、それを誰かに楽しそうに伝えることができなくてはいけない。私はそんなことを理由に、日々情報収集に自由に遊び歩いている。これを専門用語では「都合のよい正当化」と呼んでいる。

3章
企画書を通す心理テクニック

タイトル、サブタイトルのつけ方
～初頭効果／インパクトのあるタイトルを選定する～

　ここからは、企画書に使える心理学のテクニックを紹介していこう。最初に「タイトル」についてである。「企画書は中身であり、タイトルはあまり関係ない」という話も聞くが、それは違う。タイトルは企画書にとって重要なものである。なぜならば、企画書提出の際に最初に相手の目に触れる部分であるからだ。

　人は最初に見たものに影響を受けやすく、最初に感じた印象をその後も持ち続けるという心理特性がある。これを心理学では「初頭効果」と呼んでいる。企画の内容も、あれもこれも…と説明したい一心で、長いタイトルをつけると「何が言いたいのかわからない」という先入観を持たれてしまう。タイトルはわかりやすく、短ければ短いほうがよい。30文字を超えないように、できれば20文字までにまとめたい。人は自分の興味がないものに対しては、ややこしいものを進んで理解しようとはしない。もっと説明が必要ならば、サブタイトルに書いて補完するのがよい。サブタイトルなら多少長くても大丈夫だ。

　タイトルは、相手のメリットが強く訴求できるものがよい。多少大げさでもタイトルで強くメリットが感じられることによって、相手は企画書に興味を持ってくれる。たとえば、「A社カードシステムを活用した販売促進計画とその導入企画書」よりは、端的に「利益を5％上げるカード販売促進企画」と付けるほうが相手の興味を喚起しやすくなる。それは企画全体の評価を最初に高めることになる。

> **POINT**
> ○タイトルは短く、具体的に、インパクトのあるものを選ぶ
> ○サブタイトルは、タイトルを補完する補足説明を記載する

①

[タイトル]
・短くまとめる。20文字以下がよい
・相手の利点が見えると訴求力が増す
・どうしても言いたい事はサブタイトルに
[サブタイトル]
・タイトルを補完する役割がある

タイトルは
インパクト

②

短くて
インパクトのある
ものにまとめるのか〜

③

インパクト
超短いタイトル

アホ！

㊙

ホーホー先生のワンポイントアドバイス

初頭効果

人は最初に見たものに影響を受けやすく、その効果が長く続きやすく、そして記憶として残りやすいという心理特性。そのため、最初に見せたものがよい印象であると、その後も継続してよい評価を持ち続けてもらいやすい。

企画書の文章術①
～語調による心理効果／「である」調と「ですます」調～

　企画書に使う文章の語調にも気を配りたい。「○○という案になります」という **「ですます」調** で書くか？　それとも「○○という案である」という **「である」調** で書くべきか？

　一般的に「ですます」調は**丁寧な印象を相手に与える**ことができるが、文章が長くなり変化がつけにくくなる。また、丁寧で自然と読めるかわりに相手に伝える危機感や緊迫感が弱い。一方、「である」調は**明快な印象や力強さを与える**ことができるかわりに、偉そうな印象を与えてしまうこともある。

　企画書では一般的に「である」調がよいとされている。言葉が短くなり、相手の心に響くからである。ただし、冷たく悪い印象を持たれないように、気をつけて書くようにしたい。人は「こういうものである」と断定されると不快に感じる心理がある。断定はポイントに絞り、あまり乱用しないことである。

　また、「ですます」調の企画書が悪いわけではない。「ですます」調で書かれている企画書も多く存在する。こちらからお願いして見ていただく企画資料は「ですます」調がよいであろう。どちらでまとめるかは、はじめに戦略的に考えておく必要がある。

　やってはいけないのは「ですます」調と「である」調の混在である。この2つが混ざっていると統一感がなくなり、リズムが崩れ、さらに説得力が失われる。実は混在するテクニックもあるのだが、高度な技なので企画初心者は手を出さないほうが無難である。

> **POINT**
> ○一般的には企画書は「である」調でまとめる
> ○営業用の企画資料等は「ですます」調でまとめるのも効果的

4 よーし ボクは「である」調で	**1** 企画書の文体、 「ですます」調か 「である」調にするか？
5 やっぱり 「ですます」かな？ いや「である」か いや「です」か？	**2** 「ですます」調は 丁寧な企画書になり 営業用に向いている
6 Death （です）	**3** 「である」調は 明快さ、力強さがあり 説得力がある なーる

企画書の文章術②
〜最適な長さと漢字含有率〜

　わかりやすい、読みやすいという点から、企画書に書く文章は**「長さ」にも気を配りたい**。文章は、言いたいことをただ書いていくとどんどん長くなっていく傾向がある。ところが読み手が理解できる文の長さには限界がある。企画書に無駄な修飾語はいらない。ある調査では、新聞は一文の平均は50文字、週刊誌では平均30文字程度強であるという。言いたいことをわかりやすくまとめる習慣をつけたい。ひとつの文章は長くても50文字以下にする、「、」読点は3つ以下にする、少し短めに改行する。これらを意識するだけでずいぶん読みやすくなる。

　また、日本語には「ひらがな」があり「カタカナ」があり「漢字」が存在する。ひらがなばかりの文や漢字ばかりの文は読みにくいと感じる。小説などの文章ならば、多少漢字が多いほうが読みやすく感じるが、企画書の性質を考えると意識的に**漢字の使用を少しだけ抑制するほうが読みやすくなる**。漢字が少し多いと感じる文で、漢字含有率は約40%。企画書の場合、**約30%を目標にまとめるとスッキリまとまる**のでよいだろう。

　さらに多くの専門用語は「カタカナ」で登場してくる。カタカナの平均画数は2.3画。常用漢字の平均画数が約10画なので、はるかに少ない。ひらがな、カタカナ、漢字がバランスよく入っていると読みやすいだけでなく、メリハリがあって見た目も美しくまとまる。

POINT
○文章は短めを意識。50文字以下で完結する文を中心に
○漢字の使用は多すぎないように。30%程度の使用がよい

③ 30%以下にすると少し読みやすくなる

> ナライグマの毎朝は早い。日がのぼるのと同時に顔を洗い、食事をして外に出かける。最近は寒くて、あたたかい気温を好む彼にはつらい季節だ。

① 漢字とひらがなのバランスは大事

④

オヤジ！

ホント
いい感じ（漢字）

② 漢字が40%以上ある場合は

> 「習熊」の毎朝は早い。日が昇るのと同時に洗顔し、食事を取って外に出掛ける。最近は寒くて、温暖な気温を好む彼には辛い季節だ。

ホーホー先生のワンポイントアドバイス

企画書における文章の文字数

文章は75文字を超すと読みにくいと言われている。基本的には文は短いほうがよいが、短すぎても読みにくくなる。企画書では余計な修飾語を省いて、若干短めの文を意識するとよい。長さだけでなく、語尾にメリハリをつけてリズムがある文にすると相手の印象に残りやすい。

結論を先に言う
～好印象が継続しやすい形態～

　企画書は**「最初に結論を言え」**とよく言われる。これは心理学的に見ても理にかなっている。相手の関心が強ければ結論を後回しにしてもよいが、相手が企画内容に強い関心を持っていない場合、結論が先にあると相手に企画書を読んでもらいにくくなる。自分にあまり興味がない場合、冒頭の数行を読んで「意味がわからない」と判断し、最後まで継続して読まなくなる危険性がある。人は面倒なことは何か理由を付けて正当化し、合理的な判断をして回避しようとするからだ。したがって、企画内容において**言いいたいことは、できるだけ冒頭で説明するとよい。**そこで「おもしろい」と興味を持ってもらえると、初頭効果の働きから好印象が継続しやすく、後の説明も良い印象を持って聞いてくれるようになる。人の集中力が継続するのは極めて短い。そのためにも最初から相手に集中してもらうことが大事なのである。

　構造的には**「結論」→「詳細」、「概要」→「細部」**という内容構成である。

　さらに結論を先に言うことで、説明文自体がだらだらと長くなることを防ぐ。企画書はできるだけシンプルに、言いたいことを伝えるものにしたい。

　また企画書は担当者だけでなく、後日、別の人（決定権者）の目にも入る可能性がある。冒頭に結論が書かれていると、担当者も説明しやすく、結果的に企画の通りやすさにつながる。

POINT
- ○「結論」→「詳細」の構造を作る
- ○結論を先にすると、企画書は別の人が読んでも高い効果が期待できる

1
企画書は最初に

結論

を書く

2
結論
↓
詳細

と説明する

3
企画書は最初に結論
色々とグダグダ書かない
ま、俺の性格のようだな

ふーん

4
「グダグダ書かない」

なんかカッコイな

5
ん、あれは…！

6
グダグダ
言っているけど…

いや、あの
その

妻

書体の選び方
～書体による心理効果～

　企画書に使う書体（フォント）は意外と頭を悩ませるものだ。和文の基本書体には、角張っていて太さが均一の **「ゴシック体」** と筆文字のようなはねやはらいがある **「明朝体」** とがある。企画書ではどちらがよいというものはなく「機能」と「イメージ」の視点から、どちらかを選択するとよい。

　機能面では、**ゴシック体**はインパクトがあるので、**短い文などをアピールするのに向いている**。たとえば、プレゼンでスクリーンを使う場合の企画書なら、文字は箇条書きのような形になるので、ゴシック体がよいと言える。また、説明文などで文字が多くなる場合は、明朝体で書くとスッキリと見えることが多い。

　イメージの視点からは、**男性的な商品や企業のコンサルティング**のような企画書には、**ゴシック体を使うと信頼感を表現できる**。またやさしいイメージを伝えたいならば、**明朝体を使うほうがよい**。たまに、広告用のPOP体やゴシック体、明朝体が混在している企画書を見るが、それはうるさいので止めたほうがよい。

　また文字の大きさはタイトルに使う場合は12ポイント以上、本文は10ポイント以上の大きさを使いたい。文字は大きくしすぎると「安っぽく」なるが「わかりやすく」なるというメリットもある。逆に、小さすぎると「おしゃれ」であるが「わかりにくくなる」傾向にある。双方のバランスを考えた大きさの設定が問われる。行間は文字の1.5倍ぐらい空けると読みやすくなる。

POINT
- 「ゴシック体」は短い文字でインパクトを与え、信頼感を表現できる
- 「明朝体」は長い文章で読ませ、やさしい印象を与えられる

1

ゴシック体　明朝体

企画書の書体は
ゴシック体か
明朝体を使う

インパクトや力強さ
を獲得したいときに
使うとよい

やさしいイメージ
を獲得したいときに
使うとよい

箇条書きに向く

説明文に向く

※ただし、ゴシック体でも細い書体は、明朝体以上に
やさしいイメージを出すこともできる

3

それ
ゴシック
ロリータ

ゴシック体

2

ゴシック体
にも色々と
あるぞ

ゴシック体
ゴシック体
ゴシック体

目的によって
使い分けると
よいじゃろ

ホーホー先生のワンポイントアドバイス

書体による心理効果

「やさしさ」「親しみやすさ」を狙ってポップ体や丸文字を使う人もいるが企画書にはNG。多くの場合「やさしさ」よりも「安っぽさ」「子供っぽさ」が出てしまい信頼度が低下する。文字の書体、太さは企画の内容を表現するときに「どういうイメージを獲得したいか」で考えるとよい。

文章を図形化する
～認知スピードが上がる視覚化効果～

　企画書では相手にたくさん伝えたいことがあり、ついつい文章量が増える傾向がある。文字が溢れた企画書を見た瞬間、読む気が失せる担当者は多い。**企画書は「読ませる」ことも大事だが、「見せる」ことを考えて、文章をできるだけ絞って図形や表にするのがよい。**最近は活字離れが著しく、大量の文章を拒絶する人が増えている。できるだけ図形化することで、読んでもらえる企画書にしよう。文章の図形化には以下のようなメリットがある。

●**企画内容の認知スピードが向上する**
　文章よりも図や表は速いスピードで内容を理解できる。理解度の速さはわかりやすさにつながり、わかりやすさは相手の納得を生む。

●**自分のイメージを相手に、誤解なく伝えられる**
　文章だけでは自分が思い描いているイメージをそのまま伝えることが難しい。図形化することで共通のイメージを持ちやすくなる。

●**印象度が増し、相手の記憶に残りやすい**
　図形化した内容はインパクトを持ち、相手への訴求度が高くなり、文章よりも記憶に残りやすいという効果も期待できる。

　もちろんデメリットも存在する。最も大きなデメリットは、図形化にスペースを割きすぎて情報量が減ることである。したがって、すべての内容を図形化することがよいわけではない。うまく両方を使い分けながら、インパクトがあって説得力のある企画書を目指せばよい。

社内○○企画

文字だけの企画書は
なかなか読む気に
なれない。

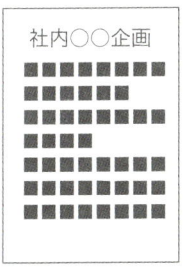

社内○○企画
○部内の親睦
○部署同士の交流
○情報交換

情報を整理し、小見出しをつけるだけで読みやすくなる。

さらに見出しを
大きくし、ブロックで
まとめて、視覚的
に訴求する。

社内○○企画
1
2
3

ホーホー先生のワンポイントアドバイス

情報の整理と視覚化

文字を流して書くよりも、情報を整理して箇条書きでまとめると読みやすくなる。箇条書きの先頭には「・」や「○」を置くが、それにより視線が一度そこに集まり、文章の区切りがよくわかり相手に「短い文だから読んでみよう」という動機付けにもなる。

人が最も好む表紙とは？
～笑顔効果～

　表紙をどうするかというのも悩みどころである。一般的には提出先、タイトル、サブタイトル、日付、提出者といった基本情報を明記したシンプルなものが多い。昔はこれに製本テープを巻いたり、透明なシートをつけて他の企画書と差別化をする企画書が多かった。最近はシンプルなものが好まれる傾向があり、あまり華美な企画書は見なくなってきた。

　心理学的な見地から言うと、お金をかけずにちょっとした工夫で簡単にインパクトのある表紙を作ることができる。人の顔写真をうまく使うのである。顔写真といっても制作者の顔ではない。フリーフォトなどで用意できる笑顔の写真を入れるだけで、まったく違った表紙ができあがる。人に関係する企画ならもちろん、そうでなくても新商品企画なら消費者代表のイメージ、イベント企画なら参加者代表のイメージなど、内容が顔を載せてもおかしくないものならば、積極的に顔写真を使うといいだろう。これはなぜだろうか？

　人の笑顔には不思議な効果があって、見ている人の気持ちを和らげる。企画内容を見せる前に相手をリラックスさせるのである。

　また、それだけではなく、人は人の顔が大好きなのである。脳には特定の形や色に反応する細胞があるのだが、人の顔だけは特別であり、人の顔だけを判別する部分が存在し、その部分は極めて発達している。そのため、視線を集め興味を喚起するようになるのだ。

3 企画書の表紙に顔を使うと興味を喚起できる

1 人は顔が好きで、顔のあるものに目がひかれる

4 オイ！ でもお金はもっと好き

2 脳内には顔だけに反応する細胞もある

顔スキ

🦉 ホーホー先生のワンポイントアドバイス

笑顔効果

顔が入ったデザインは、どんな洗練されたデザインよりも注目される。人は人の顔に強い反応を示す。そして同じ顔でも笑顔は特別で、笑顔はより強い反応を示す。また、笑顔には見ている人の気持ちを和らげる心理効果がある。できるだけ表紙や企画書内に笑顔の写真を使いたい。

色の選び方
～色彩心理を活用したイメージ戦略①～

　企画書の中で色を使うことがあるだろう。しかしなんとなく感覚で使っていることが多いのではないだろうか？　実は色が相手に与える印象は強力なものがあり、多くの場合はイメージと結びつく。色が人に与える影響を研究する心理学のジャンルに**「色彩心理学」**というものがある。色のメッセージ性を理解して、効果的な色の使い方ができれば、企画書はさらに説得力を増すことになる。

●赤
　赤は最も色の誘目性が高く、つい目がいってしまう色である。重要な用語は「赤字」にするように、注目してほしい部分や文字には赤を使うとよい。他にも、赤には「激しい」「派手な」「行動的な」といったイメージがある。提案内容に応じてうまく使うと、提案内容がより効果的に伝えられる。

※色の誘目性…色が人目を引く力のこと

●青
　青は男性に最も好かれる色であり、女性の好む色でも上位に入る人気色である。青は世界的にも好まれる色であり、そのため青をコーポレートカラーにする企業は多い。

　青は「冷静な」「信頼感」「安定した」といったイメージがあり、特に信頼感を得たい場合は紺のような濃い青をうまく使うとよい。

●黒
　文字に使われる一般的な基本色。「強い」「厳格のある」「フォーマルな」といったイメージがあり、その強さから面積を大きく使うと目を引くようになる。黄色と組み合わせると最も遠くから見える色なので、モニターなどで説明する場合は知っておきたい。

1 色には様々な効果があり、相手の心理に影響を与える

2 赤は単独で最も目立つ色であり、つい目に入る

3 青は多くの人に好まれる色であり、安心感を与える

4 ボクの色は黒ベースだからフォーマル

しーん

ホーホー先生のワンポイントアドバイス

色彩心理

色が人の心理にどのように影響を与えるかを研究する心理学のひとつ。たとえば、赤は目立つだけでなく、人の感情を高めたり血圧を上昇させる効果がある。また、時間感覚を狂わす作用があり、赤を見ていると時間の流れをゆっくりと感じるというおもしろい心理効果もある。

色の選び方
～色彩心理を活用したイメージ戦略②～

●オレンジ
親しみやすく、活動的なイメージの色。にぎやかで楽しくカジュアルな印象もある。赤ほど強くないが、行動を促進する力を持っており、うまく取り入れるとメリハリが出る。**「元気な」「陽気な」「楽しい」**というイメージがある。

●黄色
黄色は目立つ色のひとつだが、明度（色の明るさ）が高いので、白の背景ではあまり目立たない。**黄色は新しいものが好きな人に訴求する色**なので、新商品提案などにうまく使うと効果がある。「陽気な」「愉快な」というイメージもあるので、オレンジと同様に、にぎやかで明るいイメージの企画書を作るときには欠かせない。背景色にする場合は、明度を上げてクリーム色にすると自然となじむ。

●緑
緑は調和の色で、**人の気持ちを落ち着かせ、全体の調和を図る効果がある。**首都圏では他の地域よりも好む人の割合が多い「自然な」「平和な」「安全な」といったイメージがあり、淡い緑を背景色にするとやさしいイメージにまとまる。目にもやさしいので、使いやすい色といえる。

●ピンク
女性に最も好まれる色。人の気持ちを落ち着かせる鎮静効果もある。日本人はピンクから桜を連想するため、春になると露出度がぐっと増える色でもある。ただし、あまり使いすぎると子供っぽいイメージになるので注意が必要だ。

③ 緑は全体の調和をはかり
やさしいイメージになる

① オレンジは親しみやすさや
楽しさを表現できる

④ 女性が好きなピンクで
プレゼンしてみては？

コワイよ

② 黄色は新しいものが好きな
人に訴求する色

ホーホー先生のワンポイントアドバイス

色彩イメージ戦略

色は人のイメージを決定するのにとても大きな影響を与える。その特性から、色を使いこなすことで企画、商品、企画書などのイメージをコントロールする戦略がある。たとえば、やさしいイメージを出したいなら、青（水色）、緑、ピンク、クリーム色などを使うとよい。

重要な項目は囲んでみる
～囲み効果／強調される情報～

　この色の効果を応用すると、さらに相手の印象に残る企画書を作ることができる。企画書で特に重要なこと、相手に伝えたいことがある場合には、その項目を赤、オレンジなど赤系の色で囲む。四角で囲まれたものはまとまって見えやすく、相手に重要事項であることを伝えることができる。さらに人の目を引きやすい赤系の色を使うことによって、いち早く相手の目に飛び込むという効果もある。

　また、この囲みの色を変えることで、戦略的にターゲットにしている人に訴求する使い方もできる。

●**赤、オレンジ**

　最も目に飛び込んでくる色であり、注意を喚起する色である。また、赤やオレンジは**男性よりも女性に強く訴える傾向**があり、特に女性に訴えたい項目は赤やオレンジを使うとよい。

●**青**

　赤、オレンジと比較すると訴求効果は弱くなるが、**逆に全体の調和を図りながら、重要なこととしてアピールすることができる**色である。また、青は男性に訴求しやすい色なので、ターゲットが男性と明確な場合は青で囲む方法も効果的である。

●**緑**

　緑で囲むと、**全体と調和を図りながら言いたいことを訴求できる。**重要事項は赤系の色が適しているが、緑は自然に見える効果があり、付加情報などを付け加える場合に適している。また、緑の面積が増えると企画書全体がやさしい雰囲気にまとまる

○○企画

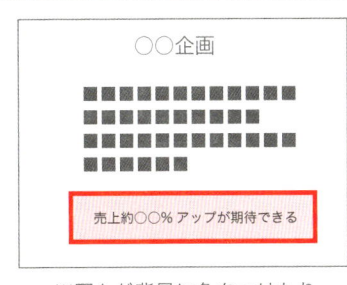

売上約○○％アップが期待できる

※囲んだ背景に色をつけたり、
文字に色をつけるのもよい

重要なものを
伝えたいときには
文章を囲むと
効果的だ

赤は最も目立つので
特別重要な情報を囲
むとよい

赤は強すぎるので、
調和と強調のバラン
スを図るオレンジ

企画書の調和を優先
した場合、青で囲む
方法もある

緑の面積が増えると
やさしくなる。付加
情報などに使いたい

ホーホー先生のワンポイントアドバイス

囲み効果

相手に「ここは伝えておきたい」というものはその文字周辺を囲むと効果的に伝わる。これは一種の図形化することで相手に伝わりやすくすることに加え、広範囲で色を使えるので、相手に訴求しやすくなるからだ。囲まれた情報（閉じた情報）は特別という印象も与えられる。

忘れないデザイン
〜記憶に残るデザインの法則〜

　企画書だけでなく、商品の提案など、企画とデザインは切っても切れない関係にある。そして、デザインをするときに知っておくと便利な法則がある。「記憶に残りやすいデザイン」の法則である。

　人の記憶は3段階の構造になっている。感覚（作業）記憶は、一瞬しか記憶できない部分。無意味な数字などは瞬時に忘れる。続いて短期記憶。ここでは約20秒程度の間、物を覚えておける。そして短期記憶の中で強い意味を持つ物が長期記憶に送られ、長時間記憶できるようになる。いかに短期記憶を長期記憶に送るかがポイントになる。そこで、長期記憶に送られやすい法則をまとめてみた。

●**色を活用する**

　色は形に比べて記憶に残りやすい。発信したいイメージを考えながら特徴的な色、配色を選定するのがポイントである。

●**イメージと関連する「フレーズ、キャラクター」**

　デザインと平行してイメージを持てるようなフレーズがあったりキャラクターがいると記憶に残りやすい。デザインだけでなく、キャッチフレーズなどをうまく合わせて提案するとよい。

●**ネーミングとのリンクする**

　デザイン単独よりもネーミングが重なるとイメージ化が進み、記憶に残りやすくなる。ネーミングがうまくデザインとリンクしていると相乗効果が生まれる。

> **POINT** 記憶に残りやすいデザインは「色」「フレーズ、キャラクター」「ネーミング」がうまくそろってイメージ化ができている必要がある。

1
短期記憶を長期記憶にできる印象に残るデザインとは？

2
色を活用し

3
イメージと連動し

・キャッチフレーズ
・キャラクター　など

日産の車
「運ぶ、遊ぶ
　キューブ」

4
ネーミングとリンク

デザイン
＝ネーミング

なーる

キューブ→
四角 → 運ぶ形

5
よし、
ボクもこれに習って
新車の企画書を作るぞ

6
み、見えない

企画書を車にしてどうする！

新車企画書

裏付けデータの取り方
～企画の信頼度を上げるために～

　コンセプトから企画概要をまとめていく中で、自分でよいと思うだけでなく、本当によいものであるという客観的な裏付けが必要となってくる。たとえば商品開発の場合、市場にないもので、加えてニーズがある場合には売れる可能性が高い。

　しかし、企画の決定権を持つ人は、理屈ではわかっていても「よし、やろう」と言ってくれないことがある。絶対に失敗しない保証がないからである。人は色々なものを決めたがらない。基本的に責任を持ちたくないと考える心理があるのだ。

　したがって、複数の視点から「これは間違いない企画です」「これを決定すると御社（または我が社）の利益になります」「さらに企画を主導したあなたのポイントが上がります」ということが伝わらないとなかなか進まない。

　簡単にできる方法のひとつに**「アンケート」**がある。アンケートは**客観的な評価データ**として見られることが多く、一般利用者の生の声として説得力を持つ。企画の内容を「評価する」「評価しない」だけでなく、どのように展開すれば効果的に訴求できるかなども同時に調べられるメリットもある。また、アンケートは設問次第で最終的な答えをある程度誘導できる。簡単に言うと「便利なものほしいですか」という当たり前の質問をして、「こんな便利なこの商品は、ほしくないですか？」と続けると、商品評価は急激に高まる。この段階的なアンケート形式をうまく利用すれば、客観的なデータとして都合のよいデータをそろえられる。

> **POINT**
> ○企画内容の信頼度を上げるには裏付けデータが必要である
> ○アンケートを活用すると説得力ある裏付けデータが取れやすい

1
うむ
企画書できました

2
人は自分で責任を持って物事を決めたがらない
うんうん いいけどな〜

3
どんなデータかね
裏付けるデータがあります

4
そんなのいるか！
ボクひとりアンケート

ホーホー先生のワンポイントアドバイス

決断できない心理

人は失敗しても自分で責任を取りたがらない。したがって、大きな決断を回避したがる。おすすめ情報や口コミに影響を受けるのは、失敗したくないだけでなく、失敗しても他人のせいにできるからでもある。そのため、企画においても客観的なデータの提示はとても重要になってくる。

持っていく企画案は３〜５案
〜選ばせてその気にさせる「５種の法則」〜

　企画案を色々練ってみると意外とおもしろいアイデアがわいてきた。10案もできてしまったが、さてどうしよう？　どれが引っかかるかわからないから、とりあえず全部持っていくべきであろうか？

　実は持っていく企画案にも、通りやすい効果的な数がある。企画の内容によっても異なるが、単純なデザイン案、色案のようなバリエーションならば５案が最も好ましいと言われている。

　通販などで商品開発をする場合、消費者に５種類の色を提示すると、トータルで売れるという結果がある。消費者は最初に興味がなくても、５つの色を提示されるとつい「自分だったらこの色がよい」と考える。すると、急に商品がほしくなるという心理が働くのである。比較させることで、いつしか購入者にさせてしまう心理を狙った商法だ。

　このように相手に複数の案を提示し、選ばせてしまううちに、提案物が気になる存在になるという心理を使うのである。企画内容によってデザインなどを作り込まなくてはいけないものなら、３案でもよい。逆に、簡単なものでも７案を超えて持っていく必要はない。人は多すぎると評価できなくなるからだ。一般的には、持っていく企画案は３〜５案が最も効果的と言える。

　数を増やすためや、あえて比較をさせるために「捨て案」という通す気のない案を付加することも一般的である。

POINT
○簡単にできるバリエーション案なら５案を提示する
○一般的な企画案ならば、３〜５案用意すると効果的である

ホーホー先生のワンポイントアドバイス

5種の法則

人は重要な意思決定はしたくないが、責任の伴わない軽いものは自分で色々と決めたがる性質がある。5案の提案をされると、自分で決定するつもりはなくても（特別気に入ったものがなくても）、心の中で選択をして、最終的に選んだものがよくなる（ほしくなる）心理が生まれる。

重要な情報は左上に書く
～左視野優先の傾向～

　人には、色々と物を認知するのにある特徴がある。それは、左側にあるものを最初に見て、影響を受けやすいというものである。たとえばチラシなどを広げて見る場合、**約７割の人は左上を最初に見る。**そこから、視点を右側に移し、左下に降り、最後は右下を見る。いわゆる**「Z型」に視点は移動する**のである。

　したがって、最も重要な情報は左上にあるとよい。量販店のチラシなどをよく見ると、そのお店の一番売りたい物は左上に掲載されていることが多い。

　なぜ左側のものを優先するかというと、様々な説があるのだが、有力なものは２つ。ひとつは、日頃の習慣でホームページのようなものは左上から始まっているので、習慣的にそこに目がいくというもの。

　しかし、左視野優先の働きは人だけでなく鳥などにも見られる特性でもあることから、別の説も上がっている。それはまだ完全には解明されていないが、右脳の機能が影響しているのではないかというものだ。左側からの視覚情報は、右脳で処理されている。左脳と右脳との反応速度の違いなど、何か異なった処理システムがあるのかもしれないと言われている。

　商品提案などで紙面を縦横上下に四分割する場合は、**自分が押したい商品は下段より上段、右側よりも左側に掲載するのがポイント**である。

> **POINT**
> ○人は左視野を優先する。大事なことは左側に書く
> ○紙面を縦横上下に四分割した場合は、訴えたいものは左上に

1

最初に紙のどこを見るかを調査したところ

左上 73%	右上 22%
左下 3%	右下 2%

という結果になった

圧等的に左上を見る人が多い

2

つまり企画書では

ココ大事

あまり見ない

3

だから、左側を美白で…

コワイから！

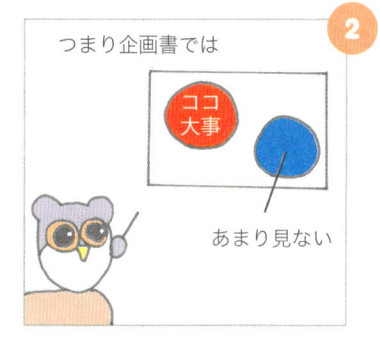

ホーホー先生のワンポイントアドバイス

左視野優先の傾向

人は左視野（特に左上）を優先に見る傾向がある。この性質は企画書作りにも役立つ。最初に見る情報は初頭効果の影響もあり、相手の印象に残りやすい。企画書では結論を最初にして、左上に書くことを意識すれば、効果的に相手に伝えることができる。

問題点をあえて書く
～両面呈示と片面呈示～

　企画したものがいつも必ず完璧であることはまずないだろう。大きなメリットが期待できる代わりにデメリットも存在するはずである。そんな場合はどうするのがよいか？　基本的に企画書にはよいところだけ書けばよいのだろうか？

　メリットだけを説明することを片面呈示といい、メリットとデメリットの両方を説明するのを両面呈示という。どちらの呈示方法が有効かは、聞き手の知的レベルで異なるという心理学の実験結果がある。インテリの相手にはしっかりと両面呈示をして説明したほうが効果的、そうでない相手には片面呈示で押すのがよいと言われている。少しでもその業界にいる人ならば、提案したものにデメリットがあれば容易に気がつくはずである。したがって、デメリットや問題点は最初から明記しておく。大きく目立つように書く必要はない。普通に明記しておくのである。明らかに気がつくデメリットを呈示しない相手には、人は信頼を持たない。企画全体の信頼感も下がる。逆に、少し考えればわかるデメリットを最初から呈示すると、他の部分についても隠し事はないと、企画全体を信頼してくれる傾向がある。問題はデメリットを含めてもそれを超えるメリットを示すことができるか、デメリットを軽減する施策を用意すればよい。

　万が一、デメリットを隠しておいて後で発覚した場合は、大きく信頼を失ってしまう。企画書の信頼性は制作者の信頼性であることを、よく肝に銘じておいてほしい。

> **POINT**
> ○企画書ではメリットとデメリットを説明する両面呈示がよい
> ○デメリットを軽減する施策も提案するとさらによい

1
企画書では
メリットだけを伝えるか？
デメリットも伝えるべきか？

2
キカクマのような相手なら
デメリットも伝える
両面呈示であるべきだ

そうだろう

3
ナライグマのような相手なら
片面呈示でも…

ん？

4
しあわせ
じゃのう

ボク
ほめられた？♪

ホーホー先生のワンポイントアドバイス

両面呈示

相手が企画内容に対して興味度が高くないときにこそ、実は両面呈示が有効とされている。特に競合がいるプレゼンでは、デメリットも伝えることで、説明に信頼度が加わる。コンペ等ではメリットしか伝えてこない競合よりも信頼される。

推敲のススメ
〜文脈効果による推敲の難しさ〜

　できあがった企画書を読み返して検討し、誤字脱字をチェックして、構成や表現を直すことを「推敲(すいこう)」という。この推敲を何度も行なうことで、企画書作りは上達する。自分の思っていることが相手にしっかりと伝わるか確認しながら、何度も読み直すのである。推敲は大事な作業だが、企画書作りを苦手にしている人ほど推敲をしない。苦手なものをがんばって作り上げたのだから、最後の最後に気を抜いてはいけない。必ず最後までチェックする習慣をつける必要がある。

　たとえば、3回目に読み直したときに誤字を見つけるようなこともある。誤字脱字は企画書の質を落とす大変もったいないミスだ。自分で誤字脱字を見つけるのは限界があるので、第三者に確認してもらうことも大事である。

　しかし、人はなぜ自分の誤字脱字に気付けないのだろう？　それは、人のある認知特性による。人は文字を読む場合、ひとつひとつの文字を正確に認知しているのではなく、前後関係から推測のような形を取って読み進めている。したがって、誤字がひとつぐらいあっても、前後関係から問題なく読み進めてしまうのである。これを「文脈効果」と呼んでいる。

　この効果はとても強力で、普通の注意力では見落としてしまうことも多い。できれば第三者のチェックを受けてまとめるようにしたい。

POINT
○企画書は余裕を持って仕上げ、推敲にはしっかり時間を取る
○人は、文脈効果から突然誤字脱字を拾うのを苦手とする

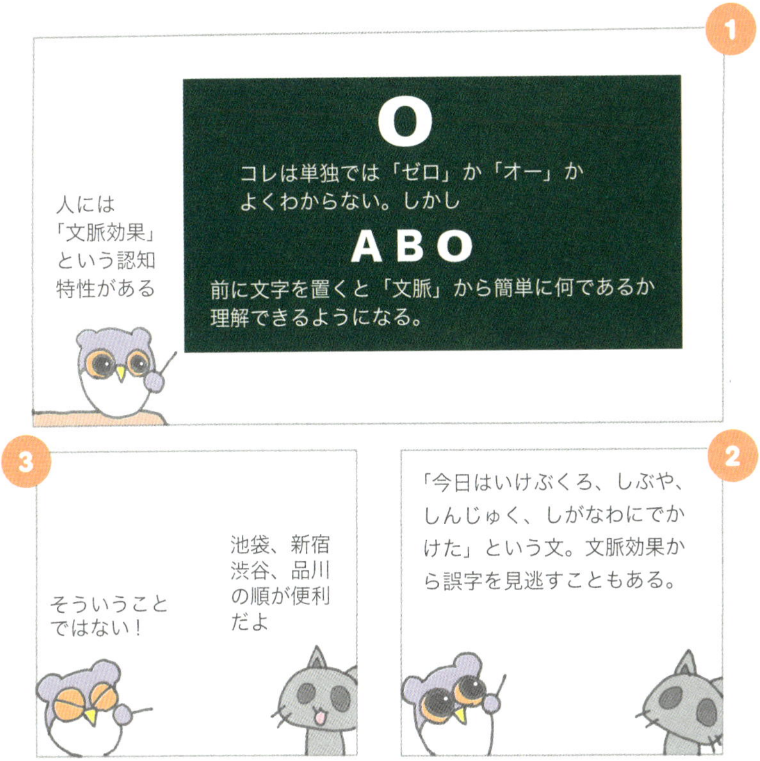

1

O

コレは単独では「ゼロ」か「オー」かよくわからない。しかし

A B O

前に文字を置くと「文脈」から簡単に何であるか理解できるようになる。

人には「文脈効果」という認知特性がある

2

「今日はいけぶくろ、しぶや、しんじゅく、しがなわにでかけた」という文。文脈効果から誤字を見逃すこともある。

3

池袋、新宿渋谷、品川の順が便利だよ

そういうことではない！

🦉 ホーホー先生のワンポイントアドバイス

文脈効果

刺激の知覚過程にある前後の刺激の影響で、対象となるものが変化して理解してしまうこと。誤字脱字があっても、前後関係から、間違っているものも「正しいもの」として理解してしまう。自分で書いた文章は、必ず丁寧に読み返してみることが必要である。

プレゼン編／担当者へのプレゼン
～期待感と渇望感を煽るテクニック～

　企画書を通すテクニックとして、最後にプレゼンテーション（プレゼン）で使えるコツを少し紹介したい。なぜならば、企画書がうまくできても、説明が下手だとせっかくの企画がボツになる危険性があるからである。

　最初に企画書の提出が相手企業の担当者、もしくは社内の上司のようなひとりに対して行う場合の注意点をまとめてみた。

● **最初に企画書を全部渡さない**

　最初に企画書を渡してしまうと、多くの人はパラパラと中身を見始めて、なかなか言う通りにページを開いてくれない。好奇心からどんどんページを開いて、斜め読みをしてしまうのだ。これでは、せっかく背景→目的→企画内容とロジックで攻めてもうまく伝わりにくい。

　企画書は一度に渡さず、その都度必要なページのみを渡して説明し、相手の期待感や渇望感を煽るとよい。ただ現実的に難しい場合もあるだろう。パワーポイントで説明するときは、企画書は、最後にまとめて渡せば問題ない。

● **企画書は担当者の評価が上がる視点で作られているか？**

　担当者が決定権者であることは少ないはずだ。あなたが提案する企画はあなたには大きなメリットがあるが、担当者には実はあまりメリットがないかもしれない。基本的に、何か失敗した場合はデメリットのほうが大きく、そのため積極的に企画を進めようとしないケースも多い。

　担当者の評価が社内で上がるように、担当者の視点や担当者が上司に説明しやすいような工夫（簡単にわかる見せ方、専門用語をあえて使って解説するなど）を入れるようにしたい。

4 さらに企業の利益に貢献して、ボクの評価があがる	**1** 担当者→ 企画書持ってきました
5 上司→ 私もキミに話が… 部長お話が…	**2** ほう なかなか面白いな
6 そうですか リストラですか…	**3** 専門用語が色々あるぞ 部長に説明したら、ボクが勉強していると…

プレゼン編／大勢の前でのプレゼン①
～緊張しない準備～

　次に、企画書の提出が大勢の前で行なわれる場合の注意点を考えてみたい。大勢の前でのプレゼンは誰でも最初は緊張するものだ。緊張の原因は「失敗を想像してしまうこと」である。成功して賞賛されるイメージを持って準備を重ねることが大事である。

●**時間配分を考える**

　プレゼンの場合は時間が設定されていることがある。20分、30分など与えられた時間内で説明ができるか、最低3回はリハーサルをするべきである。時間配分を間違えて、最後にバタバタと説明して尻すぼみになると企画以前に信頼感を持ってもらえなくなる。また、リハーサルを重ねることで緊張感が和らぐ。資料を作り込む時間を削っても、リハーサルをしたほうがよい。

●**資料1ページあたりの時間**

　パワーポイントを使ってスライドで説明する場合、資料1ページあたりにどの程度の時間をかけるべきか悩む人もいるだろう。目安としては、資料1ページあたり3分程度が好ましい。

　最近は、やゝスピードが求められていることもあり、2～3分ぐらいで進めるイメージがよいかもしれない。この時間から逆算して、プレゼンの時間が30分ならば、企画書のスライドは10～15枚程度ということになる。

●**着ていく服を用意する**

　プレゼン時の服装にも、実はポイントがある。基本的には**「紺」「ダークグレー」「黒」**などの色がよい。これらの色は**発言の信頼度を上げる効果**がある。演説では視線を集められるので赤いネクタイがよいが、プレゼンでは落ち着いた色のネクタイがおすすめである。

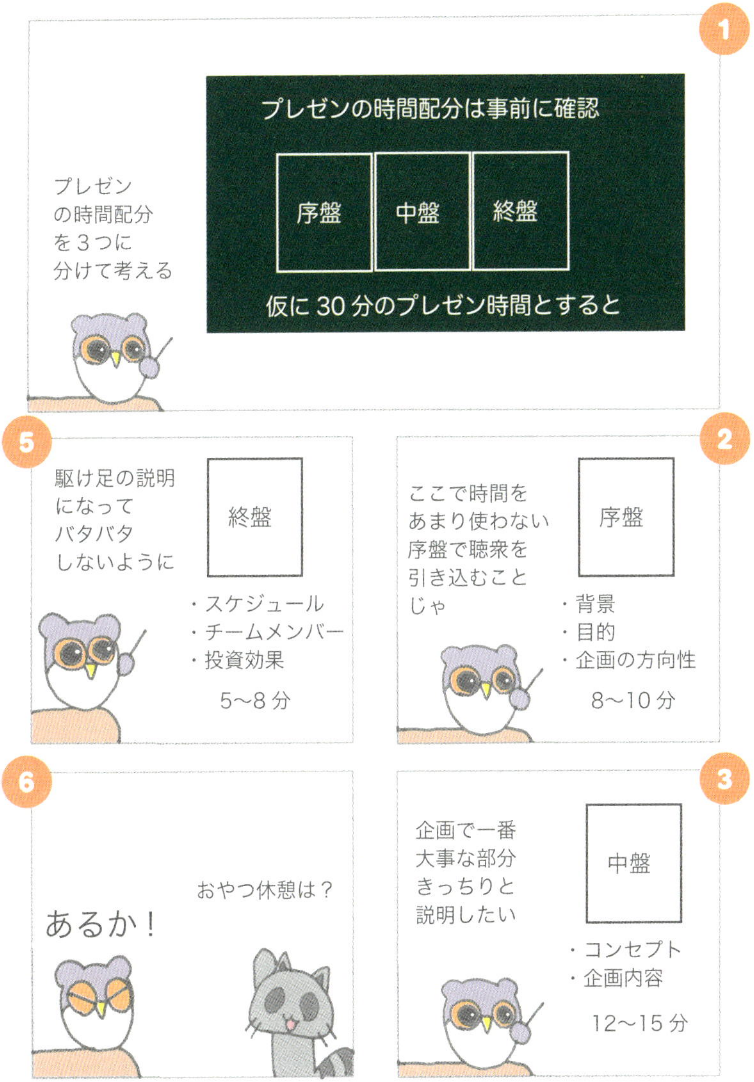

1

プレゼンの時間配分は事前に確認

| 序盤 | 中盤 | 終盤 |

仮に30分のプレゼン時間とすると

プレゼンの時間配分を3つに分けて考える

2

ここで時間をあまり使わない序盤で聴衆を引き込むことじゃ

序盤
・背景
・目的
・企画の方向性

8〜10分

3

企画で一番大事な部分きっちりと説明したい

中盤
・コンセプト
・企画内容

12〜15分

5

駆け足の説明になってバタバタしないように

終盤
・スケジュール
・チームメンバー
・投資効果

5〜8分

6

おやつ休憩は？

あるか！

107

プレゼン編／大勢の前でのプレゼン②
～効果的に伝える実践方法～

●**大きな声で説明する**

声が小さいと自信がないように見え、企画自体が輝きを失ってしまう。慣れていないと大きな声は出しにくいが、発音をはっきりしようとすると大きな声が出るようになる。

●**ゆっくりと話す**

緊張したり、色々なことを伝えようとすると早口になってしまう。プレゼンでの早口は大きなマイナスだ。ゆっくりとしゃべると自信があるように聞こえ、それは企画自体の信頼度を上げる。

●**沈黙を使う**

沈黙を恐れることはない。むしろ、うまく沈黙を使うことで効果的に相手の心に響かせることもできる。沈黙が続くと参加者はプレゼンターに注目する心理がある。

そこで、大事なことを話す前にはわざと黙って、相手を自分に集中させるのである。ゆっくりと大事なことを言うと、言ったことが相手の印象に残りやすくなる効果がある。

●**大事なことは繰り返す**

企画の中でポイントになるようなところは、わざと繰り返して説明する。参加者は、反復して聞くうちに自然と内容を覚えてしまう。ポイントは反復して言うことである。

●**相手の顔を見る**

プレゼンの最中は、参加者の顔を見る。それもまんべんなく見るのがよい。意識しないでいると、人はいつも会っている担当者や決定権者ばかりを見てしまう。これが露骨になると嫌な雰囲気になってしまう。まんべんなく全員の顔を見ながら説明したい。

1 プレゼンでは声の高さにも注目

2 低い声で話すと内容に信頼感が加わる

これです

3 高い声は相手の記憶に残りやすい

これに決めて
これに決めて

ex. ジャパネット高田の社長

4 また、注目してもらうためにわざと沈黙を作るテクニックも

5 シーン

なんだ？

6 ヤバイ 内容忘れた…

何を言うんだろう

プレゼン編／スライド用企画書のポイント①
〜視認性〜

　スライド用の企画書は、紙とは見せ方が大きく異なる。スライド用の資料作りでは、遠くからでも見える**「視認性」**に配慮することが重要である。

●文字の大きさは28、32ポイントが基本
　紙の企画書よりも大きく設定する必要がある。A4サイズに設定した場合、文字の大きさは28〜32ポイントを基本に大きくしたり小さくしたりを考えるとよい。

●ゴシック系の書体を使う
　遠くからでも見えやすい書体であるゴシック体を使うとよい。

●1ページは5〜6行が基本
　行数を多く入れすぎると、遠くから見えなくなってしまう。1ページに書く行数は6行までにしたい。7行を超えると見えにくくなる。

●行間を空ける
　紙の企画書よりも行間を空ける設定にする。行間が狭いと遠くから見えにくい。

●色数は少なめに設定
　色が多いと視線が分散してしまう。使う色は3色までに設定。類似色は色の濃淡で見せるとよい。

●黒、紺などの明度を落とした景色に白文字が見えやすい
　黒背景に白文字は遠くからでも見える視認性のよい組み合わせである。これは色の進出色と後退色の差による現象で、進出色の白は後退色の黒の前では浮き上がって見える。

1

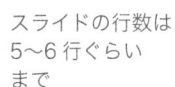

スライドの行数は
5〜6行ぐらい
まで

・認知度を高める
・好意醸成
・早期に確立
・相互作用
・販売促進の充実

〇

・認知度を高める
・好意醸成
・早期に確立
・相互作用
・販売促進の充実
・顧客満足度
・運用強化

✕

2

白背景に黒文字より

高い評価を得ることで
他社との差別化を

3

黒背景に白文字のほうが目立つ

高い評価を得ることで
他社との差別化を

5

色数が多過ぎ
てもダメじゃ

6

せめてボクが…

4章
使える企画書・提案書フォーマット

企画書・提案書フォーマット①
～社内親睦会の企画／ワード縦型～

　1枚企画書は社内親睦会（懇親会）、社内イベントの企画などに向いている。新人は最初、よいものを作ろうと社内行事向けにも、複数枚の企画書を書いたりするが、利益を生まないものに対してコストをかけることを嫌う経営者は多い。社内行事の提案にはシンプルな企画書で十分である。

＜本企画書のポイント＞
❶ 社内行事の企画は、特に指定がない限り、1枚企画書のような時間とコストをかけないシンプルなものがよい。
❷ 企画背景は「部署間のコミュニケーション不足の問題」が大きいと思われる。目的は「部署間のコミュニケーションの改善、向上」をメインに、「社員の士気高揚」「啓発」などが考えられる。
❸ 実際に何をやるかという問題は、奇をてらう必要はないが、予算に応じて何かおもしろいものを企画するとよい。たとえば「仮装パーティー」「ボウリング大会」などが提案できる雰囲気ならば積極的におもしろいものを提案すべきである。どうしても無難な食事会になってしまう雰囲気なら、企画の目的を達成するためにゲームなどのギミック（仕掛け）があるとよい。
❹ 会社を動かすためには裏付けデータが必要な場合もある。社員に簡単なアンケートを実施し、数多くの社員が「親睦会」を求めていることや、やりたいことを伝える方法もある。
❺ 費用概算も重要項目。金額を抑制するための工夫などが盛り込まれていると企画は通りやすくなる。

企画背景
新規企画ならば「企画背景」で「なぜ必要なのか?」を明確に、既存企画の内容提案なら時間をかける必要はない。

実施時間の設定
就業時間内か時間後なのかは企業の考え方によって異なるが、できるだけ業務に影響を与えない配慮をアピール。

社内「ボウリング大会」の企画

〇〇部 〇〇

[企画理由]
以前から問題視されていた他部署間のコミュニケーション不足改善のひとつとして検討。新入社員が各部署に配属されて一定期間が経過していることからも最適な時期だと考えられる。

[目的]
他部署間の円滑なコミュニケーション強化/社員の士気高揚

[実施概要]
実施予定日/第1候補 〇月〇日(〇)/第2候補 〇月〇日(〇)
　　　　　17:00〜19:00　※現在営業部に打診中
予定会場/〇〇ボール(〇〇駅徒歩〇分/当社から移動時間約〇分)
内容/
1. 事前に抽選でチームの抽選をおこない10チームに振り分ける。同一部署の人間は極力同じチームに入らないように配慮する。
2. 各チームで投球順を決め、スタートの合図で投球おこなう。
3. ひとり一球で交代する。ストライクを取らない限り、自分が残したピンを同一のチームの誰かがフォローしてくれる。3ゲームの総合得点で順位をつける。
4. ゲーム終了後、別室で表彰式、商品授与。その後、同一会場で軽食を用意する。

> ポイント/一投ごとに交代することでチームとしての連帯感が生まれ、個人競技のボーリングが団体競技になる。このゲームは投球順がひとつのポイントであり、チームで優勝を目指してより効率的な形を相談し改善していくことは、日頃のビジネスにも活かせると思われる。

[予算(費用)]

ゲーム代・会場費	¥100,000
軽食代	¥80,000
商品代	¥50,000
合計	¥230,000

予定商品一覧↵

※現在、ゲーム代・会場費は団体割引が適用されているが、さらに安くならないか交渉中。商品は購入を極力抑えて、取引先に提供依頼中。

重要事項
特に伝えたいことは文字を太字にする、もしくは四角で囲むとよい。メリハリが生まれ企画書の印象も上がる。

金額抑制の工夫
予算の圧縮を努力している姿勢を明記すると、企画が通りやすくなる。

裏付けデータの添付
本当に親睦会が必要なのか? そしてなぜボウリングなのか? を明確にするために社員に実施したアンケート結果を添付するのも効果的。

企画書・提案書フォーマット②
〜販売促進キャンペーンの企画／パワーポイント縦型〜

　次にパワーポイントを用いた販売促進キャンペーンの企画書である。この1枚企画書は正式な企画書の前に、上司や担当者に打診をするときの、いわゆる**「プレ企画書」**としても使える。使用しているアプリケーションのパワーポイントは、ワードと比較して図形を豊富に使え、視覚的な企画書を作りやすい。簡単なもので練習して自分でアレンジしていくとよい。

＜本企画書のポイント＞

❶ プレ企画書のつもりで、全体的に色を抑えている。ただし、ポイント部分には目がいくようにオレンジを使用している。

❷ 企画背景で問題点を取り上げ、それを解決する目的を明確にしている。目的はできるだけ具体的な数字が入るとよいだろう。

❸ コンセプトを用いていない代わりに、キャンペーンのテーマを入れている。ひと言でどんなキャンペーンか伝わるものがよい。「背景」「目的」「コンセプト」の基本項目は必ずしも入れる必要はない。ケースに応じて基本項目をベースに臨機応変にアレンジしてほしい。

❹ 今回の企画概要は「どんなことをするか」がポイントであり、中央に「施策」として目立つレイアウトで並べている。企画書を見た瞬間にわかるようなデザインにしてある。

❺ 実施スケジュールを明記することで、上司や担当者の意向を聞き出し、早めにスタートを切れるように依頼する。

❻ 当然、費用対効果が必要。どの程度の費用が見込まれ、どの程度の効果が期待できるのか、ここで「企画目的」との連動が生まれる。

企画背景

「企画背景」では、危機感を感じてもらうような言い回しも効果的。なぜ企画が必要なのかをしっかりと伝える。

テーマ設定

仮の段階からでも、テーマやキャッチフレーズがあるとキャンペーンをイメージしてもらいやすい。

企画概要（施策説明）

メインである企画の説明は、目立つように中央に配置する。中でも人は左上のものを優先する性質があるので、一番訴えたいものは左上に載せるとよい。逆に一番程度の低いものは、右下に配置する。もっとインパクトを出すために画像を中央に集めるレイアウトもあるが、視線が中央に集まり、他の部分を読んでもらいにくくなるという欠点もある。

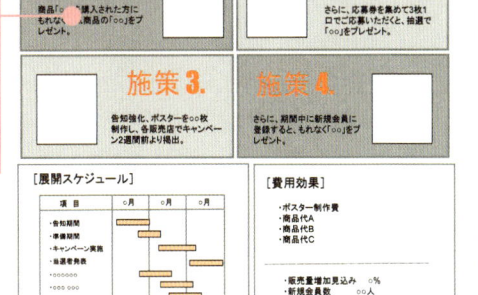

販売促進キャンペーン企画
商品発売1周年お客様感謝キャンペーン実施について

営業部販売促進課 ○○○

[企画背景]

・販売量の減少
当社主力商品「○○」は、最近販売量が落ちこんできた。このままだとジリジリと販売量が下がってしまう危機感がある。

・新規購入者の減少
商品「○○」は多くのリピーターに支えられているが、ホームページでの新規顧客の獲得が3ヶ月横ばいである。

[企画目的]

・販売量の底上げ
新規購入者だけでなく、既存顧客へは「感謝キャンペーン」として、さらなるファンになっていただくような施策を用意。前月比○％増を目指す。

・新規顧客の開拓
販売促進キャンペーンを実施し、知名度の向上、新規会員を促し、期間中にホームページからの新規購入者○○名様を目指す。

商品「○○」発売1周年お客様感謝キャンペーン概要
「○○」を買って「○○」をしようキャンペーン

施策1. 商品「○○」購入された方にもれなく「○○」商品の「○○」をプレゼント。

施策2. さらに、応募券を集めて3枚1口でご応募いただくと、抽選で「○○」をプレゼント。

施策3. 告知強化、ポスターを○○枚制作し、各販売店でキャンペーン2週間前より掲出。

施策4. さらに、期間中に新規会員に登録すると、もれなく「○○」をプレゼント。

[展開スケジュール]

項目	○月	○月	○月
・告知期間			
・準備期間			
・キャンペーン実施			
・当選者発表			
・○○○○○			
・○○○○○			
・○○○○○			

[費用効果]

・ポスター制作費
・商品代A
・商品代B
・商品代C

・販売量増加見込み　○％
・新規会員数　　　　○人

スケジュールの設定

スケジュールを書くことで、企画を可、不可の決定の期限を切る。期限がある企画のほうが通りやすい傾向にある。

費用効果

おおまかな投資効果を明記。これを書くことで、目的の売上○％増、新規顧客数との連動が図れる。

117

企画書・提案書フォーマット③
～ホームページ改善企画／パワーポイント横型～

　この企画書はホームページの改善企画についてまとめたフォーマットである。自社のホームページ改善をするという設定で、1枚企画書を作ってみよう。練習にはちょうどよい対象である。

＜本企画書のポイント＞

❶ 最初にすることは、現状の分析と外部背景の調査である。今のホームページの問題点を洗い出し、アクセス状況を調べる。競合他社のホームページと比較して、不足している部分があれば、それもまとめておく。

❷ 重要なのは自社が進むべき方向性を確認し、どういったイメージを発信していくかを明らかにする。するとデザインの方向性やホームページに求められる機能が見えてくる。

❸ 実際には企業のイメージ（現状、今後）を知るために、顧客、社員、取引先にアンケートを実施してみるのもひとつの方法である。そうして得たものを、経営者の考える方向性と合わせてまとめていくとスムーズに決まりやすい。

❹ ホームページに求められる「機能」「デザイン（発信するイメージ）」が決まれば、あとは具体的に改善案をまとめていく。たとえば、頻繁に更新が必要ならば、専門知識がなくても簡単にパソコンで更新できるシステムの導入が求められるかもしれない。初期投資はかかるが、運用コストは安価になり、業者に依頼するよりも安価になる可能性はある。ホームページの改善は費用次第で無制限なので、どこまでのものを作り上げるかを考える必要がある。

外部の背景
競合状況、市場背景に加え、ターゲットのネット利用率などの客観的データを入れることで説得力を増す狙い。

自社の発信すべきイメージ
ホームページ、企業ロゴなどで大事なのは、どんなイメージを発信しているか把握すること。将来、自社は消費者からどう見られたいかを考える。

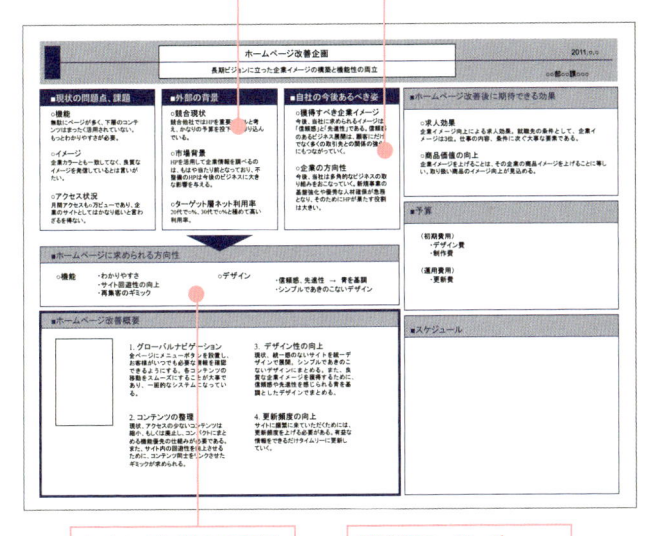

ホームページに求められる方向性
現状の問題点、外部の背景、自社の今後にあるべき姿を考えれば、ホームページの姿が見えてくる。

企画書のカラーイメージ
紺、濃い青は信頼感を与えるカラーリング。緑は全体の調和は図り、やさしいイメージを出すことができる。

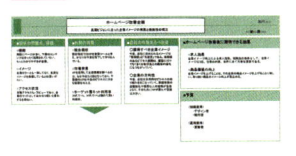

企画書・提案書フォーマット④
～新商品企画／パワーポイント横型～

　新商品の企画書は、本来、調査やデザイン案作りにとても時間がかかる。ここでは簡易的な企画書として、1枚企画書の新商品企画書のフォーマット例を用意した。社内での調整用、クライアントへの事前提案用として活用してほしい。

＜本企画書のポイント＞

❶　企画背景に関係なく、新商品の企画が決まっている場合は、企画背景や目的などを省略して、最初から提案商品をもってくるのもひとつ。最初にデザインが目に飛び込んでくるので、相手に与える印象は大きい。

❷　商品企画は、商品自体が企画の優越を決める部分である。よって、企画書でも商品の説明は大きいスペースを確保する必要がある。特に類似品が多い商品は、他の商品と差別化を図るポイントを明記したい。

❸　対象ターゲットは購入者のモデルケースを想定し、どのようなニーズのもとで購入まで結びつくのか、どのようなものが必要とされているのかを検証することがある。

❹　企画書の提出先に女性がいる場合、特に赤系の色を企画書に使うと有効に働く。大事なポイントや読んでもらいたい部分に赤文字、赤い線の囲みを作ると女性はそこに目がいきやすいという特性がある。

企画内容からの説明

企画の種類によっては、企画内容から説明するのもインパクトを生む。人は左上部分を最初に見る傾向があるので、ここに企画提案があると強い印象を与えられる。

商品コンセプト

わかりやすく、誰が見てもイメージのわく内容が書かれていること。コンセプトと同時にネーミング案もあるとよりイメージをつかんでもらいやすい

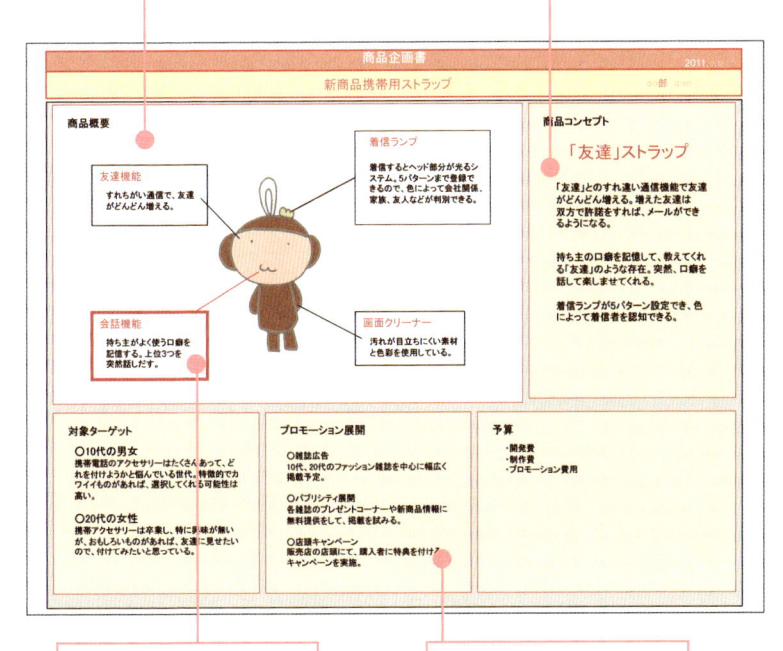

商品企画書　2011.

新商品携帯用ストラップ

商品概要

友達機能
すれちがい通信で、友達がどんどん増える。

着信ランプ
着信するとヘッド部分が光るシステム。5パターンまで登録できるので、色によって会社関係、家族、友人などが判別できる。

会話機能
持ち主がよく使う口癖を記憶する。上位3つを突然話しだす。

画面クリーナー
汚れが目立ちにくい素材と色彩を使用している。

商品コンセプト

「友達」ストラップ

「友達」とのすれ違い通信機能で友達がどんどん増える。増えた友達は双方の許諾をすれば、メールができるようになる。

持ち主の口癖を記憶して、教えてくれる「友達」のような存在。突然、口癖を話して楽しませてくれる。

着信ランプが5パターン設定でき、色によって着信者を認知できる。

対象ターゲット

○10代の男女
携帯電話のアクセサリーはたくさんあって、どれを付けようか悩んでいる世代。特徴的でカワイイものがあれば、選択してくれる可能性は高い。

○20代の女性
携帯アクセサリーは卒業して、特に興味が無いが、おもしろいものがあれば、友達に見せたいので、付けてみたいと思っている。

プロモーション展開

○雑誌広告
10代、20代のファッション雑誌を中心に幅広く掲載予定。

○パブリシティ展開
各雑誌のプレゼントコーナーや新商品情報に無料提供をして、掲載を試みる。

○店頭キャンペーン
販売店の店頭にて、購入者に特典を付けるキャンペーンを実施。

予算
・開発費
・制作費
・プロモーション費用

赤い囲み

企画書の中で特に重要なこと、伝えたいことは赤系の色で囲むと、視線がそこにいきやすくなる（特に女性）。

プロモーション展開

商品企画においてプロモーション（販売促進）はとても重要な項目。企画自体が本質だとすると、プロモーションは演出。本質と演出がうまくかみ合うと物は売れていく。

企画書・提案書フォーマット⑤
～イベント企画／パワーポイント横型～

　イベントの企画は相手に「楽しそう」「面白そう」というイメージが伝わらなくてはならない。そのため、積極的に写真やイラストなどを使うことと、色彩から楽しさを演出する工夫が必要である。

＜本企画書のポイント＞

❶ 企画書を見た瞬間に「楽しそうなものだ」と伝えるために、オレンジを中心とした暖色系でまとめている。オレンジ、黄色は明るさや楽しさを伝える色彩であり、楽しさや賑やかなイメージを伝えるのに向いている。また、白を背景色で使うことで「親子」のさわやかなイメージも表現している。

❷ 中央に笑っている親子のイメージ写真を使うことで、より楽しそうなイベント色を出している。人は顔にとても反応する特性があり、企画書に顔写真を入れると効果的に働くことがある。

❸ イベント当日のタイムスケジュールを詳しく明記し、盛りだくさんで楽しいイベントであることをアピール。また、暗い色から明るい色に動くグラデーションで、自然と視線が右に流れるような設計をしている。

❹ イベント等の企画はすぐに利益を出しにくい。あくまでもファン作りや、知名度の向上を目指しているものが多く、対費用効果ではなかなか表現しにくい。期待できる効果と合わせて、実施しなかった場合の長期的なデメリットを入れるとよいだろう。

暖色系色彩

イベント企画のような「楽しい」ものを伝える場合は、暖色系の色でまとめるとイメージが伝わりやすい。特にオレンジと黄色がよい。

顔写真

企画書内に顔写真があると、そこに視線が集まり、良質なイメージを獲得しやすい。特に笑顔の写真は見ている人の気持ちも明るくしてくれる。

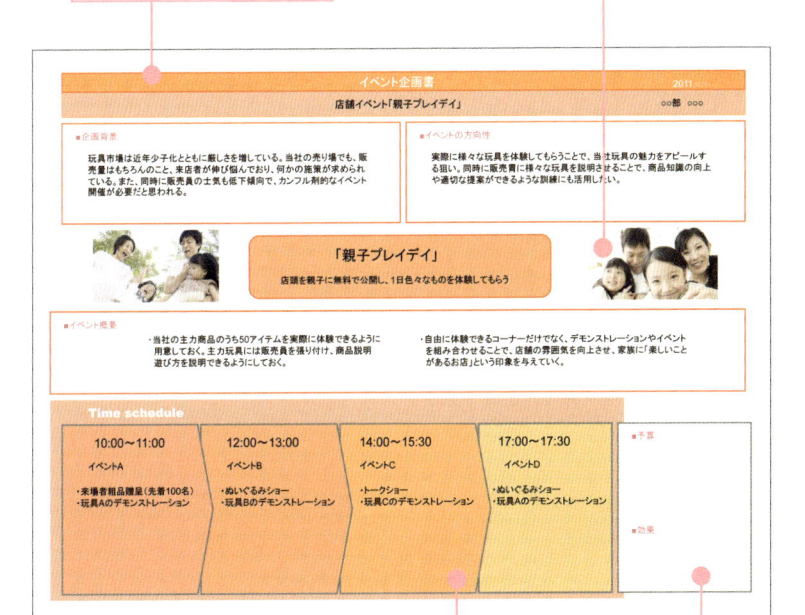

イベント企画書 2011

店舗イベント「親子プレイデイ」 ○○部 ○○○

■企画背景
玩具市場は近年少子化とともに厳しさを増している。当社の売り場でも、販売量はもちろんのこと、来店者が伸び悩んでおり、何かの施策が求められている。また、同時に販売員の士気も低下傾向で、カンフル剤的なイベント開催が必要だと思われる。

■イベントの方向性
実際に様々な玩具を体験してもらうことで、当社玩具の魅力をアピールする狙い。同時に販売員に様々な玩具を説明させることで、商品知識の向上や適切な提案ができるような訓練にも活用したい。

「親子プレイデイ」
店頭を親子に無料で公開し、1日色々なものを体験してもらう

■イベント概要
・当社の主力商品のうち50アイテムを実際に体験できるように用意しておく。主力玩具には販売員を張り付け、商品説明遊び方を説明できるようにしておく。

・自由に体験できるコーナーだけでなく、デモンストレーションやイベントを組み合わせることで、店舗の雰囲気を向上させ、家族に「楽しいことがあるお店」という印象を与えていく。

Time schedule

10:00～11:00	12:00～13:00	14:00～15:30	17:00～17:30
イベントA	イベントB	イベントC	イベントD
・来場者記念品贈呈(先着100名) ・玩具Aのデモンストレーション	・ぬいぐるみショー ・玩具Bのデモンストレーション	・トークショー ・玩具Cのデモンストレーション	・ぬいぐるみショー ・玩具Aのデモンストレーション

■予算

■効果

グラデーション効果

順番を追って読んでもらいたい場合は暗い色から明るい色にグラデーションを使うと効果が上がる。

効果

イベントでは直近の効果が見込みにくい。そのため、中長期的な展望での必要性を伝える必要がある。

おわりに

　私はポーポー・ポロダクションという企画事務所を立ち上げる前は、いくつかの企業の企画室、社長室で様々な企画書を見てきた。一流と呼ばれる大手広告代理店の企画マンが子どものような企画書しか書けないのに衝撃を受けたり、とても小さな会社の営業マンが人の心をつかむ素晴らしい企画書を書くのに驚かされたりもした。大手代理店の企画マンは、企画書を自分で書かず、取引先にみんな書いてもらうため、なかなかうまくならないのだろう。企画書はやはり自分で書かなくてはダメである。

　最初は他人のまねから始めればいい。誰でも優れた企画書を最初から書けるはずはない。技術やテクニックはそのうち身につく。大事なのはまねをしながらも、自分で考えてよりよいものを作ろうとする気持ちである。そんな気持ちがあれば、テクニックに触れることで驚くほどの吸収率、学習効果を得ることができる。どんどん企画書を書いていってほしい。

　また、優れた企画人は優れた共感能力を持っていなくてはならないと思っている。相手の気持ちを理解できない人、消費者、お客様が石ころに見えている人には、よい企画は生み出せない。

　私は企画にとって最も大事なのは、多角的な「視点」だと考えている。色々な人の気持ちになってみる視点、ひとつの物を色々な角度から見られる視点である。たとえば正方形に見える四角は、上から見たら丸い形をしているかもしれない。自動車に見える物の中には、もしかしたら鉄のカバーを被った自転車があるかもしれない。

　企画ばかりをしていると考えが偏ることがあり、それは時として、視点、視野を狭くしてしまう。

　人の気持ちがわかること、わかろうと努めること。そして、好

奇心を持って色々な角度から物を見ることが、優れた企画や企画書を作れるようになる何よりの秘訣だ。

　本書が、これから企画人となるあなたにとってのパートナーとなれば、著者としてこんなにうれしいことはない。

2011年1月　著者

参考文献

『色の秘密』野村順一著（ネスコ、文藝春秋、1994年）

『マンガでわかる色のおもしろ心理学』ポーポー・ポロダクション著（ソフトバンククリエイティブ、2006年）

『マンガでわかる心理学』ポーポー・ポロダクション著（ソフトバンククリエイティブ、2008年）

『デザインを科学する』ポーポー・ポロダクション（ソフトバンククリエイティブ、2009年）

『色彩効用論（ガイアの色）』野村順一著（住宅新報社、1988年）

『役立つ色彩』ルイス・チェスキン、大智浩訳（白揚社、1972年）

『認知心理学　知のアーキテクチャを探る』道又爾ほか著（有斐閣、2003年）

『脳内研究の最前性（上）』脳内科学総合研究センター著（講談社、2007年）

『よくわかる心理学』渋谷昌三著（西東社、2007年）

『知識ゼロからの企画書の書き方』弘兼憲史著（幻冬社、2005年）

『すごい人のすごい企画書』戸田覚著（PHP研究所、2006年）

『パワポで極める1枚企画書』竹島慎一郎著（アスキー、2006年）

『実例で選ぶプロの企画書 見せ方・創り方』久保田達也著（ダイヤモンド社、1993年）

著者紹介

ポーポー・ポロダクション

　「人の心を動かすような良質なものを作ろう」をポリシーに、遊び心を込めた企画や制作物を作っている。主に企業のWebサイトのコンテンツ企画や各種制作物のディレクションやデザインを手がけ、中でも色彩心理や心理学を活用した制作物や色彩心理セミナーには定評がある。

　著書に『マンガでわかる心理学』、『マンガでわかる色のおもしろ心理学』、『デザインを科学する』（ソフトバンククリエイティブ）、『人間関係に活かす！　使うための心理学』、『自分を磨く心理学』（PHP研究所）などがある。

　本書は、アパレル、店舗プロデュース、一般企業の社長室などこれまで様々な職種・業種で一貫して企画を担当し、脳科学や心理学の知識を武器に1枚の企画書で何人もの企業のトップやクライアントたちを動かしてきた経歴をもつ著者が、企画の立て方から企画書の書き方、プレゼン成功のコツ、美しいデザインのコツまでを初めて明かす1冊である。

本書をご購入いただいた皆様に企画書のフォーマットを
一部ダウンロードできるページをご用意しました。
ぜひご活用ください。

```
http://www.jmam.co.jp/cs/present
```

マンガでわかる 企画書の作り方

2011 年 2 月 10 日　　　初版第 1 刷発行

著　者──ポーポー・ポロダクション
　　　　　Ⓒ 2011 Pawpaw Poroduction
発行者──長谷川 隆
発行所──日本能率協会マネジメントセンター

〒 105-8520　東京都港区東新橋 1-9-2　汐留住友ビル 24 階
TEL 03（6253）8014（編集）／ 03（6253）8012（販売）
FAX 03（3572）3503（編集）／ 03（3572）3515（販売）
http://www.jmam.co.jp/

装丁・本文デザイン──萩原弦一郎（デジカル）
印刷・製本──三松堂印刷株式会社

本書の内容の一部または全部を無断で複写複製（コピー）することは、法律で認められた場合を除き、著作者及び出版者の権利の侵害となりますので、あらかじめ小社あて許諾を求めてください。

ISBN 978-4-8207-1803-1 C2034
落丁・乱丁はおとりかえします。
PRINTED IN JAPAN